昭和の鉄道 聞き語り

松本正司

目次

はじめに

私が子供の頃、明治百年という催しがあった。まだ明治・大正生まれのお年寄りがたくさんいて、あまりの世の中の変わりように、「明治は遠くなりにけり」などと言われたものだった。あれから半世紀以上の時が流れ、年号も昭和から平成、令和へと変わった。まさに「昭和は遠くなりにけり」。

私は昭和のまんなか、昭和30（1955）年の生まれ、昭和52（1977）年に国鉄に採用になった。その前のアルバイト時代を入れると、定年退職まで46年の鉄道人生だった。

この本の前半は、私が若い衆（わかいし）と呼ばれた頃に戦前派の大先輩から聞いた話を中心に、後半では同僚や自分の経験なども入れて話を進めようと思う。

松本正司

第1章

古参職員からの聞き語り

古参職員からの聞き語り

品川駅で海釣りをする話

これは今から60年前に聞いた、そのまた50年前の話である。

私の父は昭和2（1927）年生まれで、昭和16（1941）年、13歳で国鉄（当時は鉄道省）に就職した。農家の三男で、長兄は陸軍の航空兵、次男が農家を継いだので、進学したかったのを貧しさから断念、小学校を出てすぐ就職したという。昔はそういう人が多かったし、児童福祉法なんてなかった時代である。その父が若かりしころ大先輩に聞いたという話である。

我が国に最初の本格的な鉄道が開業した明治5（1872）年、新橋～横浜間に鉄道を敷設する時、軍部の反対や住民の理解を得られずに、やむなく浜松町あたりから品川駅手前まで、海上に築堤を築き、その上にレールを敷いた。築堤の内側はやがて埋め立てられてしまったが、品川駅はかなり後まで海岸線にあったようだ。

昭和の初め頃、その品川駅構内の外れから、釣り糸を垂らすと魚が釣れた。主に鯵（アジ）がよく釣れたという。昼休みに鯵を釣って、泊りの晩のおかずにしたんだという話。いつの時代も器用な鉄道員がいたものだ。

今の品川駅は海岸から遠く離れていて、とても信じられないが、昭和の60年ほどの間に埋め立てが進んだのだろう。山手線に乗っていて、浜松町辺りで目を凝らすと、一瞬だけ海が見える場所がある。それを見ると、なにか時代のよすがを感じるのは私だけだろうか。

ＪＲ東日本が田町～品川間の車両基地を更地にして、再開発の途中で明治5（1872）年の鉄道創業時に海上に築いた築堤が見つかったのは、まだ耳新しいことである。そのニュースを聞いて、真っ先に品川駅で釣りをする話を思い出した。

古参職員からの聞き語り

機関区の風呂はなぜ広い

私が国鉄に就職して最初に配属されたのが、東京北鉄道管理局大宮機関区。当時、運転系統の最下級職が構内整備掛で、整備という名前の通り、なんでもやれる(やらされる)都合の良い職名であった。駅や車掌区などの営業系統だと、最初は操車場や貨物駅の連結手だった。

私が就職した昭和50年代には、もう蒸気機関車はなくなっていて、ディーゼル機関車の掃除や給油などの雑用は、弘済整備や国鉄車両整備(コクセイ)などの民間業者に委託されていた。それで、私たち新入職員の仕事は、赤と緑の手旗、夜は合図灯を持って留置線まで機関車の先頭に乗って行く、という「合図屋」と呼ばれる誘導の仕事だった。これが機関区の最下層の職種で、ここから階梯(かいてい)職といわれる、ひとつずつ階段を上るように試験を受けて職歴を重ねていく、というシステムだった。

蒸気機関車が全盛期の昭和40年代前半まで、この最下層の職種は庫内手と呼ばれていた。まず最初は機関車の掃除。ボイラーに着火用の薪を割り、燃やし終わった石炭ガラの搬出、チューブ突きといってボイラーの中を貫いている煙管掃除。これをやると全身真っ黒けに汚れるので、担当者はカラスと呼ばれていた。あまりにもひどい仕事なので誰もやりたがらないのだが、カラスにもひとつだけ良い点があった。それはチューブ突きが終わったら、誰よりも先に風呂に入り、帰ってもよいことだった。

蒸気機関車は煤による汚れだけでなく、剥き出しの足回りに給油する大量の油脂、巻き上げた泥、さらにブレーキシューの発する鉄粉などで、ひと仕事してきた機関車は、知らない人には想像がつかないような汚れである。それを10人ほどの庫内手がいっせいに機関車に取りついて、ボロ布で磨き上げる。その10人の中にも階層があって、一番下っ端は足回り、その次がボイラー周りで、次が安全弁などの光り物、そして一番上が運転室内だった。

ピストンと動輪、また動輪同士をつなぐ鉄の棒をロッドというが、そのロッ

古参職員からの聞き語り

ドもぴかぴかに磨き上げなければならない。掃除が終わると庫内手監督が見回りに来るのだが、ロッドの内側が汚れていると、その場で殴られた。監督の機嫌が悪ければ、連座制で全員が殴られる。あんまり辛いので、動き出した機関車の動輪の下に手を入れて、大ケガをすれば辞められるだろうと思ったが、すんでのところで見つかり、そこでまた殴られた、というのが昭和16(1941)年に就職した古参機関士のSさんの聞かせてくれた話である。

機関区には庫内手数十人のほかに、その上の技工と呼ばれる機関車の検査や修繕を行う人たちも50人以上いたから、煤と油と泥で汚れた人たちが夕方にはいっせいに風呂に入る。だから機関区の風呂は広い。大きな浴槽がふたつと、銭湯のようなカラン(押しボタン式の蛇口)が30以上ある。今はやりのスーパー銭湯より大きいくらいだ。そしてその湯を沸かすボイラー(据付けボイラー)も大きい。私は小型ボイラー取扱者の資格を持っていたのだが、在職中に2級ボイラー技士の免許を取ろうと思ったら、私には扱えない大きさだった。

このボイラーの点検日には、据付代用という機関車を、ボイラー室の脇に留置して、列車暖房用のホースで蒸気を送る。私の頃には風呂場も縮小されて小さい方の浴槽しか使っていなかったから、DE10形のSG(客車の暖房用の蒸気発生装置)で充分間に合った。ボイラー室の脇まで機関車を持っていくのは手間だったが、機関車で沸かした風呂に入るのもまた乙なモノだった。

川越線の川越駅の乗務員詰所には水道も井戸もなかった。それで風呂や炊事・洗面の水をミムという小型のタンク車(水運車)で毎日、機関区から水を運んだ。ミムからの給水と風呂焚きは機関区の一番下っ端、庫内手の仕事で、毎日そのために庫内手が1名、本区から来ていた。川越の乗務員詰所は今でも「川越給水」というのだが、その名前の意味を知っている人はもう誰もいないだろうなぁ。

気動車の外勤機関士をしていたAさんの話。戦後、川越線に気動車(キハ41000形)が配置されることになり、急勾配線区でいち早く気動車が導入された御殿場線担当の沼津機関区に数カ月、研修を受けに行くことになった。日勤終了後に風呂に行ったら、子供連れの女性が入っている!

教えられていなかったのたが、時間を区切って近くの国鉄官舎の人が入浴することになっていた。官舎には風呂がなかった。日本がまだまだ貧しかった頃の話だ。私は後に東海道本線の乗務員になったが、沼津泊りのたびにその話を思い出すのだった。

油の切れたD51形

これもAさんに聞いた話。

東北本線宇都宮からの帰りの上り貨物列車に機関助士として乗務していた時、走行中に機関車から異音がしはじめた。停車駅で降車して調べると、メインロッド(主連棒＝ピストンと主動輪のクランクをつなぐ太くて重い鉄の棒)のビッグエンド(太端＝動輪側の太い方の端。戦前派の乗務員は機関車の部品名を英語で教わったという)の潤滑油が切れて、触れないほど熱くなっていた。

ここはピストンの往復運動を動輪の回転運動に変換する重要な部分である。強度が要求されるので、本体は特殊鋼を鍛造して作られ、両端の軸受部にはホワイトメタルという鉛を主にした柔らかい金属が用いられる。普通なら前途運休もしくは長時間停車して熱を冷まし、充分に給油してから運転再開するのだが、何もかも足りなかった物のない時代、予備の油もなく、しかも決戦下、運転打ち切りどころか大幅遅延も許されなかった。

機関士が「行っちゃおう」と言うのでそのまま運転再開したが、メタルが溶け落ちて鉄同士がぶつかりあって、ドッカンドッカンすごい音で走ったそうである。入庫して下回りを見たら、溶けたホワイトメタルが元空気溜にびっしり付いていたという。

数年前、友人と横浜の神奈川臨海鉄道が保管しているC56形の整備を請け負ったが、元空気溜の下部が何回塗装しても剥がれてしまうので、よく見たら現役時の油が染み込んでいた。ケレンし直して再塗装したが、あらためてビッグエンドの油は上に飛ぶのだということがわかった。

これはどこで聞いたのか忘れてしまったが、大戦末期、追突されて炭水車（テンダー）に大穴の開いたＤ51形が復旧のあてもなく長期休車になっていて、一方、戦時型でどうしようもなく不調なＤ51形がいた。誰ともなく「あれとこれをくっつけちゃえば？」というので、休車の標準型Ｄ51形の大破した炭水車を外して、使えない戦時型Ｄ51形の炭水車と取り換えた。そうしたら、調子の良いＤ51形と使い物にならない元機関車だったものが出来上がった。ついでだから、と使える方に新しいナンバーを与えて、新車が1台出来上がったことにした。だから機関車本体（エンジン部）は標準型、炭水車は戦時型という１０００番台のＤ51形が1両、存在する。Ｄ51形は全部で１１１５両製造されたことになっているが、実際に作られたのは１１１４両である。

どうもＤ51形標準型の8―20Ｂ炭水車には欠陥があるらしく、大宮区でも出先の水戸区で炭水車の底が破れ、水が全部抜けてしまう事象があった。大宮まで無火回送して大宮工場に臨時入場、底板を溶接で留め直してもらった。この時、大宮工場は蒸気機関車の修繕を終了していたのだが、軽微な故障ということで対応してもらったようだ。高崎のD51形498号機も、動態復活の際、炭水車の底が抜けていて、底板を張り替えている。

山口線に復活したのもつかの間、D51形200号機の「SLやまぐち号」が長期運休したのも、テンダー台車の亀裂と聞いている。このD51形200号機の炭水車は、一次型（ナメクジと呼ぶ）と同じ炭水車8—20で落成したのだが、梅小路蒸気機関車館に収蔵された昭和47（1972）年に、長野工場で標準型の8—20Bに交換している。8—20Bの台車は、初期形の8—20炭水車の台車より製造が容易だが、保守は8—20の方が楽、と聞いている。わざわざ標準型のエンジンにあわせて交換したのだろうが、裏目に出た感じがする。

古参職員からの聞き語り

赤い動輪

私が国鉄に入った昭和50年代初めは、職場には戦前派の古参職員がまだまだたくさん残っていた。なかには満鉄帰り、鮮鉄帰り、という人もいた。満鉄とは南満洲鉄道、すなわち今の中国東北部で日本が運営した標準軌の鉄道網である。昭和初期に完全冷暖房の国際特急列車「あじあ」号を運転していた、といえば、今の鉄道ファンもご存知だろう。鮮鉄は朝鮮総督府鉄道、朝鮮半島で日本が運営していた鉄道で、こちらも「ひかり」「のぞみ」「あかつき」といった優等列車が釜山港から中国大陸各地までを結んでいた。

これら外地の鉄道からの引揚者や復員兵を受け入れたので、戦後間もなくの職員総数は60万人を超えた。昭和24(1949)年の公共企業体・日本国有鉄道の発足後、9万5000人の人員整理を行うのだが、激しい労働争議となった。この時に起きたのが、下山事件・三鷹事件・松川事件の国鉄三大ミステリーと呼ばれる事件である。人員整理は予定通り行われたのだが、のちの国鉄民営化時と違い、解雇は若い方から(就職が後の者から)ほぼ順番に行われた。引揚者は前職の履歴も考慮されたから、結局、満鉄帰り・鮮鉄帰りが大量に残ることになった。

前述したように、私は年寄り(古参)の話を聴くのが好きだったから、満鉄帰りのKさんにはずいぶんお世話になった。鮮鉄帰りのIさんの話も聞きたかったのだが、顔を見ると必ず『社会新報』を購読するように強く勧められるので、仕事以外では足が向かなくなってしまった。

Kさんは話もうまくて、聞いているうちに満州の大草原に赤い夕日が沈むシーンが、ありありと浮かんでくるのだった。

Kさんは蘇家屯(そかとん)という今の瀋陽(しんよう)近くの機関区で機関助士をしていたという。さてそのKさんの話。昭和20(１９４５)年8月に日本の敗戦で戦争が終わると、満鉄各線はたちまち混乱に陥った。ほとんどの列車は動かなくなり、ごく少数の貨物列車だけ必要の都度、運転されたのだという。機関士は時計も取り上げられ、ダイヤもなく、行けるところまで行け、という指示だったらしい。

列車は動かなくても毎日出勤はするので、はじめはキャッチボールなどするものの、すぐに暇を持て余してしまい、赤いペンキだけが大量にあったので、誰からともなく機関車の車輪に塗り始めた。やってみたら見栄えが良いので、じゃあ全部塗ってしまおう、ということになった。

「『赤い動輪』という映画があったろ？　車輪が赤いというのが中国の蒸気の特徴みたいに言われているけど、あれは俺達が暇つぶしで始めたんだよ。それまで車輪は黒だった」

あれから40年以上が過ぎ去り、ほとんどの話は忘れてしまったが、Ｋさんの横顔と中国大陸の夕日の話は忘れられない。

機関車を防空壕に入れろ！

太平洋戦争がいよいよ戦況不利になった昭和19（1944）年、日本本土にも米軍機による本格的な空襲が行われるようになった。もはや制海権はとうに失われ、本土上空にやすやすと米軍機の進入を許してしまったのだ。軍施設や軍需工場ばかりでなく、鉄道も狙われた。当時の米軍機のパイロットの手記を読むと、徹底的に破壊したつもりの線路を、翌日には列車が走っていて、信じられなかったそうだ。

大宮機関区もたびたび艦載機の機銃掃射を受けた。蒸気機関車のボイラーは分厚い鉄でできているが、軟鉄なので機銃弾が当たるとやすやすと貫通してしまう。穴の開いたボイラーから白い蒸気が噴き出し、米軍機はそれを確認すると、次の獲物を探して勝ち誇ったように去っていった。

ところが、何発機銃弾を受けても、蒸気を噴き出さない機関車がいた。壁際に追い詰められたネズミをいたぶる獰猛なネコ科の動物のような米軍機にしつこく機銃掃射を受け、とうとう機関車は穴だらけ、大破してしまった。蒸気を噴き出さなかったのは、無火すなわちカマに火が入っていなかったのだ。

満身創痍の傷を受けた機関車は、９６００形６９６３６号。大宮区生え抜きの機関車で、輸送力が逼迫していた時期でもあるので、優先的に修理されたのだろう。戦後の一時期を高崎第二区で過ごしたほかは、生涯のほとんどを大宮区に在籍した。昭和44（１９６９）年9月には川越線の蒸気最終列車を牽いて、有終の美を飾った。

この空襲では国鉄職員ではなく、学徒動員の生徒が亡くなった。年でいえば中学生か高校生くらいであったろう。あれはかわいそうだった、と語ったのはS機関士。その時の空襲で穴の開いたレールが客貨車区にあるよ、とも教えてくれた。大宮駅7番線には機銃弾で半分にえぐられた京浜東北線の架線が添え線を当てられて、昭和55（１９８０）年頃まで残っていた。

これではたまらん、ということで防空掩体壕（えんたいごう）を作って、機関車を隠すことになった。機関車の防空壕は、東海道本線・北陸本線の米原が有名だが、関東には大宮と千葉にあった。また、京成線の京成上野と日暮里の間の地下トンネルをむりやり借り上げて、お召列車などの優等客車を隠した。ほかにもあったのではないかと思うのだが、調べてもわからなかった。

大宮機関区の機関車防空壕、いやトンネルや穴を掘ったわけではないので待避線なのだが、東武野田線(今の東武アーバンパークライン)の大和田駅から分岐して、雑木林の中を奥深くまで線路を敷いた。鉄道連隊の兵隊が来て、数週間で作り上げたそうである。転車台はないものの、機関車の向きを変えるデルタ線もあったから、相当な長さがあったらしい。

今、JR線と東武野田線のレールはつながっていないが、昭和40年代まではつながっていて、貨車や臨時列車のやり取りをしていた。戦争末期、機関車を3両4両と連結してここに疎開させていた。蒸気機関車は夜通し火を焚いたままなので、大和田付近の住民は敵機に見つかって空襲されるのではないかと怖い思いをしていたそうである。

戦後間もなく米軍が撮った航空写真を見ると、線路がはっきり写っている。空襲に遭わなかったのは運が良かっただけなのか、それとも空襲する価値もないと思われたのか。Ｓ機関士、昭和50（１９７５）年頃に線路のあったあたりを歩いてみたが、宅地化が進んで何も見つからなかったそうである。

戦後は使われることもなく放置され、枕木は付近の住民が薪にするために持ち去ったという。貨車もそのままになっていた、というが、おそらく使わなくなった木造の旧型貨車だったのだろう。車体は薪にされ、下回りはレールと一緒に鉄くず業者に持ち去られたのではないかと想像している。戦後の日本はなんでもあり、だったという。

大宮区ではもう１両、戦災の被害に遭った機関車がいる。米軍機による最後の空襲が行われたのは昭和20（１９４５）年８月15日、あと数時間で戦争が終わる、というその日の未明、秋田県土崎と埼玉県熊谷の両市街が焼け野原となって、死傷者が多数出た。米軍は原爆だけでなく、日本が降伏するのがわかっていて市民の上に焼夷弾の雨を降らせたのだ。

その日、高崎線の貨物列車を牽いていたＤ51形１４０号機が熊谷駅で空襲に遭遇。垂れ下がっていた秩父鉄道の架線に煙突を引っかけ、破損。前途運転不能となった。被害が軽かったこともあり、戦後すぐ復旧した。このＤ51形１４０号機が熊谷市内に静態保存されているのも、なにかの縁だろうか。

馬よりも下

市場に向かう専用線の貨物列車を運転中、突然荷馬車を牽いた馬が踏切に入り込み、非常ブレーキをかけたものの間に合わず、馬を轢いてしまった。大型動物と衝突すると、たいていブレーキ管を破損したり、ひどい時は脱線してしまったりするのだが、幸い列車に異常はなかった。ひとまず胸をなで下ろして機関区に帰ると、機関士と機関助士のふたり、憲兵隊に呼び出された。戦時中であり、泣く子も黙る憲兵である。誰も逆らうことはできない。

憲兵曰く、「お国のために働いている馬を轢き殺すとは、お前たちはなんと心得る。この非国民が！」。

「俺たちだって国のために腹を減らしてロクな食い物もなく働いているんだ！」と言いたいのを必死にこらえたという。そこで逆らえば戦争が終わるまで刑務所で半殺しの目に遭うか、下手をすれば銃殺である。問答無用で叱責され、反論は許されなかった。汽車はレールの上しか走れない。馬を失った御者は気の毒だが、軍用馬なら見舞金が出るだろう。そもそも、左右を確認せずに踏切を渡ろうとした、もしくは馬をコントロールできなかった御者の責任であろう。戦後30年経っても、あの時の悔しさは忘れられない、とS機関士はいう。

これもS機関士の話。東北本線(今の宇都宮線の区間)を機関助士として乗務中、通過駅で突然の非常停車。何事かと思っていると、機関士が降りていって駅長を殴り倒した。立ち番の駅長が列車に敬礼した時に、手のひらが見えた、というのである。イギリス軍も戦前のドイツ軍も、手のひらを見せるのが正しい敬礼であるが、国鉄式の敬礼は手のひらを見せない。上腕は水平に、下腕は斜め45度で指をまっすぐに伸ばし、指先は耳の上に付くように。これが今でも通用する正しい敬礼である。

当時の職制では、機関士は駅長より偉かった。だからといって敬礼をしている人を殴ってはいいはずもない。憲兵に叱責された腹いせもあったのだろうが、暴力からは何も生まれない。さすがに戦後は庫内手や機関助士が殴られることはなくなったが、いまだに何で殴られるのかわからない、とSさんはいう。聞いていていて、戦争の傷跡は深い、と思わざるを得ない。

サーベルを下げた機関士

夜中の入出区ラッシュが終わると、信号所の中もやっと落ち着いてくる。そろそろ電機の外勤機関士Sさんの独演会が始まる頃だ。待ってましたとばかりにお茶を淹れて差し出すと、旨そうにお茶を一口飲んで、口を開いた。たいてい戦時中や戦後間もなくの話だった。

「国破れて山河ありと言ってな、」こう始まったら終戦直後の話だ。「あれは〇〇の時だったか。」これは戦時中の話の始まり。時々、信号の年寄りが相づちを打つが、若い衆はハナから馬鹿にして聞きはしない。でも私は昔話を聞くのが大好きだったので、一言も聞き漏らすまいと耳をそばだてるのだった。あの時、昔話を聞いていたから、今の自分がある。こうやって後の人に伝えることができる。

その夜の話は、昭和18～19（1943～44）年頃のことだった。Sさんはまだ10代の若者で、庫内手から1ランク上がって使い番をやっていた時のことだった。使い番というのは、今でいえば当直補助、当直助役の手伝いで、乗務員を呼び出しに行ったり、日報などの書類を駅に取りに行ったり、各所に配ったりするのが仕事だった。

戦前・戦中の鉄道は鉄道省、その前の大正時代は鉄道院というお役所だった。官設鉄道に就職すると雇員、傭人などといった職員になる。この段階ではただの役所に勤める者であって、役人ではない。試験に受かったり、上司の覚えがよかったりすれば、20、30年後に任官され、やっとお役人になれる。官吏に任命されるから、任官。現業の職員のうち、ほんの数パーセントだ。それでも判任官(はんにんかん)という、官吏としては一番下位なのだが、現場長クラスにならないと与えられる官位ではなかった。判任官の上は、奏任官（高等官九等〜三等）・勅任官（高等官一等・二等）となるが、これはもう本庁の役員クラス。だから判任官というのは現場の職員には夢か憧れでしかなかった。

任官されると政府の役人であるから、サーベルや襟章などが国から支給される。駅長でも大きな駅でないと、判任官にはなれなかったが、機関区には区長をはじめ、何人か判任官機関士がいた。四方拝（元旦）や紀元節（建国記念日）、天長節（天皇誕生日）、明治節（明治天皇の誕生日）の四大節の区長点呼にはサーベルをガチャガチャ言わせながら出勤した。

古参職員からの聞き語り

さて昭和18（1943）年か19年の正月元旦、使い番のS少年は、当直助役から判任官機関士がまだ出勤していないから、家に行って呼んでくるように言い付かった。判任官機関士の家は駅近の鉄道官舎だったからすぐに行くと、機関士と奥さんの2人でサーベルが見つからない、と家中を探している。しばらく待っていたら、判任官機関士、「おい、使い番。今日は休むと言っておいてくれ。理由は、そうだな、具合が悪い！」。

当時は四大節といえば、国民の大行事であった。官吏の正装であるサーベルを着けないで出勤するということはあり得なかった。忘れましたは通用しない。減給か、もう年だからそのまま退職勧告だろう。

「それにしても、サーベルが見つからなくて休みとはな」。そう言ってSさんはため息をついた。あのため息はどういう意味だったんだろうと、ときどき思い出しては考えるのである。

サンマの脂で列車が止まる話

山手線の内回りに乗ると、田端駅を発車した電車は急角度で左に曲り、山手貨物線（今の湘南新宿ライン）と並行して池袋へ向かう。貨物線とはいえ、今では旅客列車の方が圧倒的に多く、貨物列車は１日数往復が走っているに過ぎない。貨物の運転士が線路を忘れないように、１日数本だけでも走らせているのだそうだ。

さてこの山手貨物線、田端駅の北側に広がる田端信号場駅（通称・田端操）が起点で、田端操を出るとすぐトンネルに入り、トンネル出口から山手線に並行して大崎、その先・目黒川で分岐して品川と新鶴見へ向かう。目黒川はホームも駅舎もなくて、今は無線機のチャンネル切替点に過ぎない。品川から新鶴見に向かうのは、品鶴（ひんかく）貨物線といって、今は横須賀線と湘南新宿ラインの電車が走っているが、こちらも元は貨物線だった。

古参職員からの聞き語り

この山手貨物線、田端を出たトンネルの中が上り勾配になっており、昔は秋になるとサンマを満載した列車が通った。問題はサンマを積んだ列車が通った後。サンマの脂がレールに滴り落ち、次の列車がこの脂を踏んで空転してしまうのだ。機関車には空転防止の砂を積んでいるが、戦中戦後には砂がなかったり、あっても砂撒き器が故障しているものが多かった。

上り坂だから石炭をガンガンくべなくてはならず、その上、空転して停まってしまうのではかなわない。急勾配の山岳路線でもない都会のトンネルで停まってしまうのは恥ずべきことと言われていた。さらに原宿あたりの明治神宮の脇はどちらから来ても上り勾配で、しかも明治神宮様に煙を噴きかけてはならん、ということで戦前は投炭が禁止されていた。蒸気機関車の頃、乗務員はいらない苦労を強いられていた区間であった。

本当なら機関士になれなかった

S機関士と同じ電機の外勤機関士だったHさん。泊りの時、午前3時頃になるといつもあんパンを取り出して食べていた。この人にも大変世話になった。私が一度ミスをして午前3時発の列車を遅らせた時、すぐダイヤを調べて、黒磯までの採時駅(通過時刻を記録する駅)に電話をかけてくれ、マルにしてくれ、と頼んでくれた。マルにする、つまり異常がなかったことにする、ということだ。「これで大丈夫だから」と言って、ニッと笑い、いつものあんパンを食べ始めた。

Hさん、昭和16(1941)年の採用だが、背が低くて乗務員になれないはずだった。それが戦争が激しくなり、人手が足りなくなって、戦時非常措置で機関助士になった。バルブに手が届かないので、いつもミカン箱を持って乗務していた。機関士になってからは、加減弁(スロットル)に手が届かないので、立って運転していたのだという。小さい身体で体力的にも不利なはず。さぞご苦労されたのではないかと思う。

何度か構内入換のＥＦ13形やＥＦ15形などの旧形電機に乗せてもらったが、見事なハンドルさばきだった。

空襲下、それでも汽車は走る

Ｓ機関士の昔話は続く。川越線でＣ11形に機関助士として乗務中、艦載機の空襲を受け、列車はただちに停車したものの、遮るもののない田んぼの中を一直線に走る川越線。テンダー機なら炭水車の下に逃げることができるが、炭水車のないタンク機のＣ11形ではそれもできない。機関士が脚を打ち抜かれ、重症を負った。病院に搬送されたが、治療薬は赤チンくらいしかなく、病院に見舞いに行ったら、脚がパンパンに膨れ上がっていたそうだ。

当時は米軍の機銃弾には毒が塗ってあり、その毒玉に当たると即死はしなくてもひどい苦しみの後に死んでしまうと言われていたのだ。今考えれば、たいした消毒薬もなく、傷口から破傷風などのばい菌が入って感染したのだろう。気の毒に、機関士はその数日後に亡くなった。

逃げやすかったのはＤ51形やＤ52形の戦時型で、船底テンダーなので、下に潜りやすかったのだという。たいそう評判の悪い戦時型だが、良いところもひとつくらいはあったのである。

終戦の日、外地となった満鉄も、勝った方のアメリカも、鉄道は止まったそうである。が、日本の鉄道は止まらなかった。線路も車両も人も酷使されて、まともに走れる状態ではなかった。それでも人を乗せて荷物を運んで、汽車は走り続けていた。

西武線へ助勤に行く

終戦後の日本は、戦災からの復興につれ、人も貨物も輸送量が急増した。国鉄は機関車や客貨車・電車の修復を急ぎ進めたが、私鉄ともなれば動ける電車の手当てに精一杯で、とても貨物列車まで手が回らないのだった。

この頃、大都市近郊私鉄には戦時設計車の優先割り当て、国鉄から戦災電車の払い下げ、地方私鉄には老朽化した古典機関車の払い下げなどが行われた。しかし東武鉄道や西武鉄道のような貨物扱いの多い私鉄では、圧倒的に機関車が不足していた。そこで、国鉄からこれらの私鉄路線へ機関車ごと貨物列車を乗り入れた。大宮機関区からは川越線の９６００形が川越から東武東上線の上板橋〜坂戸間に乗り入れた。東武は遅くまで蒸気機関車が走っていたから取り扱いのできる乗務員がおり、機関車だけ貸し出していた。西武鉄道は池袋から所沢まで乗り入れていたようである。

東上線には上板橋からグラントハイツ（今の光が丘）に啓志線（啓志はここに米軍の上級士官専用の住宅を建設したヒュー・ボイド・ケーシー中尉から来ている）という米軍の専用線が出ていて、東武鉄道が運行を受託していた。旅客列車は国鉄から借り入れのキハ４１０００形気動車が池袋〜啓志間をノンストップ直通運転を、貨物列車は品川機関区のＣ58形が北池袋手前にあった渡り線を通って乗り入れていたようである。

ここでまたＳ機関士の昔話。終戦後まもなく、池袋から西武線への乗り入れの貨物列車に機関助士として乗務していた。西武はほとんどの線が最初から電化されており、戦後まで本線上に蒸気機関車が残っていたのは国分寺線と是政線（今の多摩川線）くらいだったため、蒸気機関車の乗務員がいなかったので、東武のように機関車だけではなく、乗務員ごと乗り入れていたのだ。これを「助勤に行く」と言っていた。

ある日、通過列車で通票（タブレット＝単線区間で駅間に他の列車を入れないための、一種の通行手形のようなもの）をバンッと受け取ったら、キャリヤーの革袋が破けて、中の真鍮の玉がころころ転げて線路脇の肥溜めにポチャリ。

正式な取り扱いは、直ちに列車を停めて、通票を探さなくてはならない。こういう時はとりあえず次の駅まで行って、通票紛失というささかイレギュラーの取り扱いを駅側に依頼する。正式な取り扱いではないから、駅側に貸しを作ったことになる。ところがこの時の機関士が堅い人で、列車を停めるから拾ってこい、という。機関助士は機関士の命令に逆らうことができない。肥溜めの中に靴のまま入って、手探りで通票の玉を探したという。物の満足にないその頃、やっと買った新品の革靴をダメにしてしまった、という。西武線のどの駅ですか？　と聞いたら、もう覚えてないよ、という答えだった。

西武鉄道は戦後の一時期、西武農業鉄道という社名を名乗っていた。下水のない当時、東京市街の汲み取りトイレから出た屎尿を郊外に運び、肥料として農家に売っていた。行きはウ◯コを運び、帰りはそれを肥料にした野菜を積んでくる。それで農業鉄道というわけである。当時の堤康次郎社長が考案し、運行開始時には社長自ら肥桶を担いだそうである。

生の屎尿は強すぎて作物を枯らせてしまうから、コンクリートの貯水池みたいな桝に入れて醗酵させる。そのための肥溜めが沿線に何カ所かあった。池袋線と新宿線は電気機関車で専用の貨車を牽いていたが、沿線住民は、これを汚穢電車と呼んでいた。肥桶の貨車は誰も手入れなんかしないから、がたぴしゃと揺れながら、沿線に熟成されていない肥料を撒きながら走っていた。国分寺線などは、客車との混合列車もあったそうである。乗客はたまらないだろうな。

池袋線沿線では、肥溜めは東久留米と清瀬にあった。池袋〜清瀬間はもう複線化されていたから、通票を落としたのは清瀬駅、ということになる。清瀬の肥溜めは、子供が落ちてそれを見つけた踏切番の駅員が救助した、という話が残っている。つい最近、撤去されてしまったが、清瀬駅の上り方には引上線があった。今、西武バスの折り返し場になっているところが肥溜めのあったところなのだろう。

なんで知っているかというと、今の私の住まいが清瀬だからである。

古参職員からの聞き語り

第2章

学生班が見た国鉄

昔から女性職員はいた

ＪＲになったばかりの頃、指定の日に健康診断に行ったら、レントゲン車の順番待ちの列の中に、おばちゃんたちがいてびっくり。女性は別の日のはずなのだが、関連会社にはその指示が行ってないようで、その会社のビル清掃の女性が男性の列に並んでいたのだ。受付で分けるにせよ、上半身裸になる検査である。こんな男女同権は困る。さすがに翌年からはそんなことはなくなったが、いくら年配者だからといって、彼女達も恥ずかしかったろうに。

分割民営化で国鉄からＪＲに変わって、一番の変化は男ばかりだった鉄道の現業に、女性社員の姿が見られるようになったことだろう。とはいえ、令和４（２０２２）年４月の時点で、ＪＲ東日本の女性社員の割合は全体の18パーセントであるから、まだまだ一般社会の割合に遠く及ばない。泊り勤務ができない（これは男女別の寝室を確保できない会社側の都合）などの不利な点があるのは否めないが、もっと増えてもいいんじゃないか、と思っている。男性社員や利用者の鼻の下を伸ばすためではなくて、子供達に夢を与えて欲しいからである。

最近出た『女子鉄道員と日本近代』（若林宣（とおる）著）によると、鉄道作業局が最初に女性を採用したのは明治33（１９００）年とされている。しかしその前に鉄道の職場には女性の姿があった。開業の5年後、明治10（１８７７）年に線路工夫（保線係員）を踏切近くの番小屋に住まわせ、本来の保線の仕事をしていない時に、踏切の開け閉めをさせることにした。保線係が本来の仕事をしているときは、その子女に踏切番をさせることにしたのである。当然、家族の分の賃金は支払われない。だから職員の人数には数えられていないのである。年のいかない子供や、乳飲み子を抱えた主婦が踏切のお守りをさせられるのだから、当然無理がある。当時は自動式の踏切なんかないから、反対側の遮断機を閉めるには、列車の接近しつつある線路を横断して行かなくてはならない。

当時の人はまだまだ汽車なんていう高速で移動する物体に慣れていないから、通行人の直前横断や線路内立ち入りがとても多かった。通行人を守ろうとして列車に触れ、殉死した女性や子供の踏切番も少なくなかった、という。

しかし、鉄道に女性の姿が一度に増えたのは、やはり太平洋戦争中だろう。戦争に取られた男性の代わりに、女性が大量動員されたのだ。駅員や車掌ばかりでなく、電車運転士や保線係まで女性が動員された。私の母も大宮の師範学校に通っていたところ、学徒勤労動員で大宮駅の改札係をしていた。

昭和20（１９４５）年の3月10日、昼近くになって、ようやく動き出した列車から降り立つ人々の異様な有り様に、東京大空襲と知り、大急ぎで実家に電話を入れた。私の祖父（母の父）は時計工場の生産課長で、家には電話が引いてあった。祖母がすぐ隅田川に架かる永代橋近くの弟一家（弟は中国戦線に出征中）を探しに行ったが、曽祖父（祖母の父）が避難中にはぐれてしまい、いまだに見つかっておらず、どこで亡くなったのかもわからないままだ。

女子職員のほとんどは終戦と同時に復員してきた男性と置き換わって退職していった。職場結婚された人も多かったと聞いている。一部の女性は戦後も残り、事務室などで活躍されていた。私のいた大宮機関区にも、事務係のTさんという女性がいた。戦争中に鉄道省直営の被服工場に勤めていて、そのまま結婚もせずにずっと国鉄一筋に勤められていた。全国にはそんな女性職員が十何人かいて、連絡を取り合っている、と聞いた。当時の国鉄職員四十数万人のうちの、たった十数人である。

私はTさんにずいぶん可愛がってもらった。年末調整の折など、わからないからと白紙で持っていった用紙を見て、他の事務係に「こんなこともわからないのか」と叱られているところを、「私たちは毎日何十人も見ているけど、この人たちは1年に一度しか書かないんだから、覚えられなくて当然よね」とかばってくれた。私にとっては、皺(しわ)のある天使だった。

Tさん、55歳定年で、私が機関区を去る前に辞められて、生まれ故郷の栃木県の今市に帰っていかれた。Tさんの訃報を聞いたのは、それから間もなくのことであった。末期ガンだったという。一度墓参りに伺いたいと思っているうちに、40年が過ぎた。もう私の身近にはTさんのことを知る人は誰もいない。つくづく、義理を欠いて申し訳なかったと思う。

ひかりは西へ　食堂車珍道中

大学に入った昭和49（1974）年の夏休み、私は新幹線車内販売員のアルバイトをした。東北・上越・北陸などの新幹線はまだなく、北海道新幹線なんて夢また夢の時代。東海道・山陽新幹線もまだ岡山止まりだった。数カ月先の博多開業に向けて食堂車の連結が始まっていたけど、まだ営業していなかった。16両編成の0系新幹線が、ビュフェ車を2両連結していた時代である。

当時、新幹線食堂車（ビュフェ）の営業を担当していたのは、日本食堂（日食。後の日本レストランエンタプライズ＝NRE→JR東日本フーズ→東日本クロスステーションに吸収され法人格消滅）、ビュフェとうきょう（→ジェイダイナー東海→ジェイアール東海パッセンジャーズ→JR東海リテイリング・プラス）、帝国ホテル、そして京都の都ホテルだった。日本食堂は品川営業所が担当したのだけれど、博多開業後には広島営業所も加わった。

バイト仲間に日食・ビュフェとうきょう・帝国ホテルを経験した人がいたのだが、帝国ホテルはやたら上下関係が厳しくて、ビュフェとうきょうは人間関係がよろしくない、日食が一番まとも、と言っていたが、日食だって上下関係は厳しかった。あまりよく覚えていないのだが、チーフ（食堂長）を筆頭に、その下がギャレーさん、その下がパントリーさん、ここまでが男性で、その下にウエイトレスの1給さん、そして一番下が2給さんで、私たちアルバイトはさらに下だった。

車販は食堂車（当時はビュフェ）を基地としていた。2両のビュフェ車それぞれをA車、B車と呼んでいた。たしか東京寄りをA車と呼んでいたように思う。ビュフェとは1両の半分が座席車で、半室の簡易食堂車とされているが、0系のビュフェはビーフステーキなど本格的な食事も提供していた。レトルトなどの調理済み食品もあったが、車内で調理しているものも多かった。その辺が在来線のビュフェ車と違うところだった。国鉄と食堂営業者の意地だったのかもしれない。

日食の品川営業所は山手線の田町と品川の中間付近にあった。今なら高輪ゲートウェイ駅が近いかもしれない。ここに出勤して制服に着替えると、乗務員（クルー）全員で点呼を受け、マイクロバスで東京駅に向かう。ホームに上がる頃には、台車に乗った大量の食材がすでに待機している。車販用のコーヒーは淹れ立てのがいくつもポットに入っている。食堂車で提供するのは車内で淹れる。ポットが空になった時も同様だ。

折り返し列車が到着すると、まず東京まで乗ってきたクルーが降りてくるから、簡単な引き継ぎをする。地上スタッフが今まで積んであった食器や食材の残りを降ろすと、手早く新しい食材を積み込んで行く。コーヒーのポットは1給さん2給さんと呼ばれるウエイトレスさんが持っていく。私たちアルバイトが最後に乗ると、車内はもう発車準備でてんやわんやである。発車ベルが鳴り終わると、準備をいったん止めて、ホームに向かって整列する。ドアが閉まると、全員で頭を下げて礼をする。ホームを離れるまでお辞儀してるのかな、と思ったら、「いつまでもボーッとしてるんじゃねぇ！」と叱られてしまった。

都県境の多摩川を渡る頃には食堂の準備ができ、車販アルバイトもそろそろ出動。おなじみのカートを押すのは1給さん2給さんの仕事で、アルバイトは首からプラスチックの籠を下げる駅弁スタイルである。売り物は2給さんが用意してくれた。箱菓子や乾きもののつまみ類が多く、酒や飲料はなかったように思う。地方の特産品は単品それだけを持っていく。静岡は通過の「ひかり」号で「静岡名産の安倍川もちはいかがですか」と売るのは変な気持ちだった。もっと変なのは岡山の桃で、岡山始発の列車で売るために、東京から積んで行くのだ。しかも高いからほとんど売れない。この桃、岡山～東京間を何往復したのかな？

弁当は重いから、東京で積み込んだのを1給さん2給さんがカートで売りに行くのだが、「うなぎ弁当」だけは車内で米を炊いていた。レトルトのウナギを湯煎したのを炊き上がった白米に載せ、経木の蓋を載せて懸紙（かけがみ）の上から紐をかける。市販のうなぎ弁当と見た目は変わらない。しかも米は炊き立てだ。これも浜松は通過の「ひかり」号で売りに行く。

一度、蓋をしようとしたら、白米の間からゴキちゃんがこんにちは！ チーフ、Gのヒゲを掴んでピッと捨てると、なにごともなく紐をかけて一番上に載せた。それを買ったのは女性のお客様だった。しかし、東海道って、なんであんなにGが多いのかね？ 十数年後、東海道本線の乗務員になった時、来宮(きのみや)電留線で弁当を食べようとしたら、ワラワラ湧いて出て食欲をなくしてしまった。ビュフェの掃除の時、椅子の下にホウキを突っ込むと、サーッと四方に散っていく。

あの頃の新幹線はよく遅れて、特に東京～新大阪間の東海道区間が大雨に弱いようだった。山陽区間はほぼ全線トンネルか高架なので雨には強く、大雨で水浸しになった田畑の上を何事もなかったように通過していく。遅れに遅れた列車で、何も売るものがなくなって、完全に溶けたアイスクリームを売りに行った時には涙が出そうだった。クリームだけにクレームはつかなかったけれど。

それも売り切って車販基地であるビュフェに戻ると、売店にお客様が大勢で大騒ぎ！ わずかな売れ残りを奪い合うように買っていく。すぐ助っ人に入るように言われたのだが、タバコの値段がわからない。「マイルド」と言われてもなんだかわからない。「もういいよっ!」とまた叱られてしまった。

ビュフェには旅客サービスで、速度計と現在位置表示があるのだが、位置表示は何かセンサーで列車の位置をキャッチしているのではなく、単なる時計仕掛けで針を進めているだけで、定時ならこの辺だろう、という表示に過ぎない。遅れていると、はるか先の方を走っているか、とっくに終点を指していた。

乗務終了が近づくと、ご苦労さんの缶飲料が1本ずつ渡される。たいていはコカ・コーラだった。この日は商品を全部売り切ったので、さすがに今日はないだろうと思っていたら、はい、と渡された。みんな疲れているだろうに自分はほとんど役立たず。申し訳なくて「いただけません」と言ったら、「いいのよ、さっさと受け取りなさい!」とまた叱られてしまった。

そんなこんなで休みなくいろいろな商品を売りながら、1日で岡山往復するのはきつかった。が、泊りは少しは楽だった。夜遅く宿泊所に着くと、簡単な賄い(食事)が出た。薄暗い食堂で、あんまり美味しくなかったなかった気がする。仮眠室は男女別だ。ひと部屋に2段ベッドが蚕棚（かいこだな）のように並んでいる。チーフたちは何かお楽しみがあるようだ。

先に寝ているように言われたので、一番奥の下のベッドに寝ていたら、パントリーさんに起こされた。「下はチーフさんたちの寝るところで、バイトは上ですよ、チーフさんからえらい叱られます」と言って、その人も上段に横になった。私はベッドメイクをし直して、上段に横になると、すぐ寝入ってしまって、チーフたちが入ってくるのに気が付かなかった。

これは聞いた話だが、営業中につまらない冗談を言ったら、チーフから無言で包丁を投げられたそうである。包丁はブンと音を立てて、時速200キロで走る新幹線の中を横断して、反対側の壁に刺さったとか。あの時のパントリーさんはいい人だった。「日食のプリンは美味しいですよ」と教えてくれた。

そんなチーフたちだったが、車内急病人が出た時にチーフに報告したら、すぐに車掌を探してくれたり、放送を入れたりしてくれた。ドラマでよく聞く「車内にお医者さんか看護師さんはいませんか」というあれだ。すぐに医師が来てくれ、次の駅で担架で降ろされたのが発車後の窓の外に見えた。

岡山や新大阪のように、終点に宿舎があればそこで賄いが出るのだが、名古屋折り返しでいったん電留線に入る「こだま」号は車内で賄いが出た。食堂車名物の「ハチクマライス」だ。もともとは落語の「長屋の花見」に出てくる八っつぁん熊さんの弁当のように粗末な食事、という意味で、基本は丼飯に目玉焼きとタクアンが数切れ乗っただけのもの。

その時は基本の目玉焼きとタクアンのほかに、ハンバーグ、ポークソテー、コールスロー、それに具だくさんの豚汁が出た。あの時の豚汁、旨かったなぁ。今、大宮の鉄道博物館の食堂でハチクマを食べることができるが、あの「こだま」号の賄いには及ばない気がする。東海道本線の車掌をやっている時に、レチ弁(列車乗務員に提供される安価な弁当)は何回も食べた。でもレチ弁とハチクマの両方を食べた国鉄職員は、そんなに多くはないだろう。

あんまり仕事がきついのと、人間関係が悪いので、若い人はすぐに辞めることが多かった。出勤時にちらっと見えたのだが、2給さんがふたり、当直に「辞めたい」と訴えていた。当直はわけも聞かずに「いいよ！　おまえらの代わりはいくらでもいるんだ」。当直連中はどうやら車掌区の助役あたりが定年後にコネで再就職しているらしかった。日食のスカウトが地方の高校あたりに行って、「東京で働けますよ。新幹線でお仕事できる、夢のような職場です」とでも言ってるんだろうと想像に難くなかった。

ある日の「ひかり」号のビュフェの片隅で。もうじき東京で乗務終了、という時に、2給さんがしくしく泣いている。誰かにいじめられたのだろうか。黙ってハンカチを差し出したら「バイトくん、やさしいのね」。でもそれきり何も起きなかった。

一度同じ班に入ると、ずっと同じ乗り組みが続くのだが、本職さんたちが休みの日でも、アルバイトには休みがなく、違う班に組み込まれる。班によって人間関係がうまくいっているところと、そうでないところがはっきり違っていた。休みなしでは19歳の私にも、体力的にかなりきつかった。帰宅後、遅い晩飯を食べていたら、箸を持ったまま寝てしまった。それを見ていた母親が「あんたもう辞めたら」と言ってくれて、ふんぎりがついた。私の食堂車乗務員は、ひと夏の経験で終わった。叱られてばかりだったが、あとあと役に立つ経験が得られたことは大きかった。

そしてこれがそれから46年続く、私の最初の鉄道現場経験だった。

アルバイト駅員

日本食堂の車販を辞めてから、高校時代の友人に頼まれて、彼の従姉妹が勤めていた新橋の商社でアルバイトをすることになった。インドネシア国鉄の電化工事に関係しているらしく、英文の説明書を印刷所に取りに行ったりしていた。１時間目のダイヤが綴じてあったので、それをすらすら読んだら、課長が驚いていた。その後、別のクラスメイトから電話があって、山手線の代々木駅で改札と尻押しのアルバイトしないか、というものだった。まだ自動改札は試験中で実用域に達しておらず、またこの時代の朝のラッシュアワーの混雑はすさまじいもので、各駅ごとにドアからはみ出した乗客を押し込まないと発車できなかった。押し込み役を「押し屋」といって、もっとひどい駅では、押しても入らないので「はぎとり屋」がいた。

私がこの駅でアルバイトを始めた頃は、切符売り場は有人窓口で、硬券の切符を手売りしていた。今ならマニア垂涎(すいぜん)である。そのうちにみどりの窓口ができることになって、マルス(国鉄が誇る指定券発行システム)の端末が配置された。そのマルスの機械を運んできた日立運輸のお兄さん(マルスは日立製作所製である)、伝票を片手に聞いてきた。「でれいしつってどこですか?」

はて、「でれいしつ」とは何ぞや? その伝票を見せてもらったら「出札室」と書いてあった。なるほど「出札室(しゅっさつしつ)」ね。

アルバイト駅員の正式な職名は「臨時雇用員」と言って、臨雇(りんこ)と呼ばれていた。

臨雇には現場採用（現採）と局採用があって、現採はその駅やエリアごとに採用するアルバイト。改札やホームだけじゃなくて、冬季の雪かき要員なども現採の臨雇だ。局採用は将来職員として正式に採用する前段階。人によっては採用まで何年も臨雇なんていう人もいた。臨雇の給料日は毎月8日と23日で、昔の丁稚奉公と同じだ。現採は時給、局採用は日給だった。改札の時給はたしか３３０円か３４０円くらいで、小荷物はもう少し高かった。日給は３０００円くらいだったように思う。

この駅は駅前や駅近に予備校や進学塾が多くて、夏冬の休みなど、受験生でごった返す。そして、とにかく不正乗車が多いのだ。定期券の隠蔽、回数券を使ったキセルなどなど。隠蔽というのは定期券の一部、たとえば区間とか期限とかを指などで隠すこと。キセルというのは区間の連続しない2枚の切符（定期券や回数券など）を使って、中間部分の運賃を払わないこと。タバコを吸う時に使うキセルは両端が金属（真鍮）で、真ん中が木や竹のパイプでできているので、その部分は磨いても光らない。それで両端だけの区間を払って、正規運賃との差額をバックレようというのをキセル乗車という。正式には中間無札とか煙管乗車という。煙管は蒸気機関車のボイラーの中に入っている管のことではなく、キセルのことだ。

隠蔽もキセルも簡単に見破れる。定期券の隠蔽は、通る前からそれとわかる。あいつやるな、と思ったら、改札口を通る瞬間に腕を掴む。それも振りほどかれないように強く掴む。逆らったら定期券は没収、態度が悪ければ定期の使用開始日からその日までの正規運賃＋2倍の増し運賃、つまり3倍の運賃を払うことになる。他人の定期を借りて使ってもばれる。紙の定期券には名前も年齢も書いてある。子供の定期を借りて使っていた男がいたが、年齢でばれた。堂々と定期を差し出したやつは、日付部分を改ざんしてあった。2年前の期限切れ定期だったから、とんでもない額になった。

定期券の運賃は高いようだが実は格安になっており、通勤定期なら正規運賃のほぼ半額である。学生定期ならもっと安い。当時は大学生なら3分の1、中高生なら5分の1、小学生ならなんと10分の1くらいだった。定期券と回数券のキセルは簡単にばれる。なぜなら前日に入場した回数券をそのまま出すからだ。

昔は紙の切符は改札口ですべて、ハサミを入れていた。ハサミ（鋏、パンチともいう）の切り口（鋏痕）は地方では4種類くらいしかないが、首都圏は三十何種類かあって、隣同士の駅とは重ならないようになっているし、中央線では午前と午後でハサミを変えていた。夕方や夜遅くに、午前中の切符を出してもすぐばれる。キセルする人はみんな最低区間しか買わないから、いくら隣の駅から乗った、と言い張っても、鋏痕を見れば一目瞭然。言い訳はできぬ。

ちなみにあのハサミ、無駄にカチカチ鳴らしているようだが、あれでリズムを取っているのだ。当時の自動改札機は、1秒間にひとりの乗客を通すことができる、と言われていたが、有人改札は1秒間に2人、両側の通路を開ければ、4人通すことができると言われていた。だからラッシュ時など、リズムを取らないとスムーズにさばけない。中には両手にハサミを持って、器用に両側で切符を切っているアルバイトがいた。

さすがに私にはそれはできなかったが、そのかわりハサミを上に投げ上げて、落ちてきたところで切符を切る、という「ツバメ返し」の技は今でもできる。1列車にせいぜい20〜30人くらいしか乗らないようなローカル線の駅では、カチカチ鳴らさないように、ハサミの柄の部分が開いていた。これはバランスが悪くてツバメ返しはできなかった。

隣の駅から乗ったけど切符をなくした、という申告もある。「いくらの切符を買いましたか?」と聞くと、たいていは答えられない。それで嘘がばれる。住所を聞くと「原宿一丁目」と答えが帰ってきたこともある。「原宿という町名はない」(大昔にはあったが本当にない)というと、ほとんどはそこで陥落した。どこから乗ったか、かたくなに言わなかった学生がいたが、当時の運賃の3倍で、3万円近く請求されていた。旅客営業規則では、乗車駅が不明の旅客や荷物は、最も遠い駅からの運賃を適用、とあるので、この時は西鹿児島(今の鹿児島中央)から東京都区内までの運賃とされた。この駅には何年か前に悪質な不正乗車で捕まった人が何人かいて、最高は250万円と聞いた。改心して毎月分割で払いに来ていて、もうじき完済、ということだった。

手の中に小銭を用意していて、見つかったら払う、という人もいた。セコいなぁ。その小銭もちゃんと見ないと足りないことがある。金額式の紙の切符で乗り越しの時は、不足分を支払えばよいが、回数券や定期券だと、表示区間からの普通運賃をいただく。自分で運賃を決めてはダメだ。

何も見せずに改札口を入った男がいたので、手首を掴まえると「手形の割引をしなくてはならないので急いでいる」と言った。「切符を見せてくれればすぐ乗れますよ。切符売り場はすぐそこです」と答えたのだが、ぐずぐずしていてなかなか切符売り場に行かない。そのうちにいなくなったと思ったら、A口改札(改札口がいくつもある場合は、本屋改札、A口改札、B口改札の順にアルファベットで呼んでいる)を無札で通ろうとして、そこでも捕まっていた。100円ぽっちの切符代を惜しんで手形を現金化できなかったわけだ。まあそれも嘘なんだろうけれど。結局その男、新宿駅方面に歩いて行ったようだった。

ボロボロの服を着た浮浪者風の男が来た。いかにも臭いそうだったので、あの切符を受け取ってハサミを入れるのは嫌だなぁ、と思っていたら、警察手帳を見せて通って行った。どうりで臭くないわけだ。

不正乗車が見つかり、アルバイト駅員を殴った男がいた。駅前を山手貨物線の踏切の方へ逃げたので、私が追いかけて捕まえた。暴れたので、近所の人がすぐ駅前交番から警察官が駆けつけ、近くの代々木警察署に連行された。目撃者ということで私も取調室まで同行した。取調室、小さな部屋に机がひとつ。電灯がおでこの高さぐらいに下がっていて、威圧感満載である。カツ丼は出なかったけど。結局、示談にしてくれ、ということで、殴られたアルバイトに1万円を払うことで決着した。今だったら50万から100万円は請求される。不正乗車は割に合わない。

乗り越し運賃を払わない、とゴネている中年男性がいて、トラブルになった。そこへいかにもなヤクザ風の男が来て、これは俺、因縁付けられるのかなぁと思っていたら、中年男に向かって「いいかげんにせいよ。この方たちはなぁ、まじめに働いてらっしゃるんだ!」と一喝。中年男性、あわてて財布から小銭を置いて、逃げるように出ていった。ヤクザ風の男にはお礼を言ったが、私が頭を下げた時にちらっと見えた手先には、小指がなかった。

不正乗車をする人は、親や会社から交通費を貰っている人がほとんどだろう。昔から「悪銭身に付かず」という。不正なことをしてわずかな金額を得たとしても、他でそれ以上損をする。不正乗車は必ずばれている。今はメールやＳＮＳ等で、不正乗車をとがめられたのに駅員の態度が悪い、と言う人がいて、そうなると駅員が叱責されることになる。捕まらないのは、会社や駅員が面倒な処理をしたくないからだけだ。それもどうかと思うけどね。

わたしはお荷物？

私たち学生班（学生アルバイト）が、代々木駅で毎日数十人の不正乗車を捕まえるので、そのうち文句が出るようになった。乗客からではなく、職員からだった。御茶ノ水駅も受験生が多く、あちらの学生班も頑張っていて、いつのまにか両駅の学生班同士で競うようになってしまった。家族からは「最近、目つきが悪くなった」と言われるし、朝8時から深夜23時まで、ほとんど学生が交代で改札口に立って、職員は23時から終電までしか働かなかった。中には休憩室でいびきをかいている者までいた。

人間関係も悪くなってきたので、お隣の新宿駅の小荷物掛に移ることにした。改札や尻押しのアルバイトは交通費が出なかったけれど、小荷物のアルバイトは、職務乗車証が出たのも魅力だった。いわゆる職パスというやつである。国会議員に渡される旅客鉄道全線の議員パスと見た目がそっくりなので、休みを利用して九州の実家まで旅行した奴がいたんだ、と聞いた。

いまはもうなくなってしまったが、新宿駅の東南口を出て、甲州街道を渡ったところに結構広いヤードが広がっていて、その貨物駅の一角に小荷物扱い所があった。短い小荷物ホームがあって、長野・山梨方面からの大量の荷物がここから都内各地に運ばれて行き、反対に、都内各地からの荷物がここから中央線・身延線・飯田線・篠ノ井線方面に送られて行った。民営化の前に国鉄の小荷物扱いはなくなってしまったけれど、この頃は宅配便が発達しておらず、クロネコの宅急便や飛脚の宅配便もまだなくて、国鉄小荷物と郵便小包のふたつが国内の荷物輸送をほぼ独占し、大きな勢力を誇っていた。

よく混同されるが、荷物と貨物は違う。簡単に言ってしまえば、大きさの違いだ。荷物は手回り品・手荷物・小荷物の総称で、手回り品は車内に持ち込む荷物。無料のものと、犬や猫、ウサギなどの小動物をケージに入れて持ち込む時などの有料手回り品がある。

手荷物はチッキと言った。乗車する時に鉄道荷札を付けて駅員に渡す。その時、乗車券にチェックを入れるので、英語のcheckが訛ってチッキになった。昔は長距離列車には必ず荷物車が連結されていたから、乗客と手荷物は同じ列車で旅行することになる。下車駅で荷物車から降ろされるので、駅の手小荷物・一時預かり窓口で受け取る。飛行機の機内預けと同じだ。手荷物が出てくるまで少々待つことになるから、急ぐなら翌日取りに行ってもよい。手荷物扱いは日本ではもうなくなってしまったが、外国ではいまだによく見られる。

小荷物は今の宅配便と同じ。ただし、荷物の引き取りサービスはなくて、駅の窓口まで持って行く。有料だが、駅近なら配達もしてくれた。顔なじみの駅員さんがリヤカーで玄関先まで運んでくれた。乗り換え先の私鉄駅や、国鉄バスの停留所で受け取ることもできた。これらの荷物を積むのは、マニ・オハニ・クモニなどの記号を付けた荷物車であり、旅客車に分類される。

貨物は小荷物では運べない重さ大きさのもので、これは駅ではなくて、どの駅にもあった日本通運やマルツーで受け付けてくれる。他の物と一緒に貨車に積まれる混載貨物と、1車まるごと貨車を貸し切る車扱貨物がある。石炭や砂・石油などのように専用の貨車(物資別適合貨車という)もある。

荷物と貨車は運ぶ列車も違うが、運賃体系も違っていた。荷物はもともとチッキの例にもあるように、旅客と一緒に運ばれることから、国鉄旅客局の管轄であった。貨物は貨物局の担当であり、運賃もさまざまな割引サービスもあったようだ。荷物は客車列車で運ばれるので、到着時間が比較的正確にわかるが、貨物は貨物列車の運行次第で、到着時間が不透明で、時に何日も待たされることがあった。また貨物輸送の末端は、早くから日通などの民間業者に委ねられていた。そういう違いがあった。

さて、その小荷物である。手回り品は旅客が自分で車内に持ち込むので、ルールさえ守ってくれれば何の問題もない。小荷物は自分で歩いて行かないので、積み込み、取り降ろし、途中駅での載せ替えなど、すべて人の手を煩わせなくてはならなかった。宅配便はまだなくて、コンビニもセブンイレブンが全国で100店舗達成したばかりの頃だから、もちろんコンビニ預けなんていう便利なシステムもなかった。だから荷物を送る時は、郵便局や駅に持ち込むのが普通だった。コンビニが爆発的に増えていくのを予期して、荷物の受け渡しを依頼することができたら、国鉄小荷物も生き残ることができたかもしれない。

中小の駅なら出札の隣あたりに手小荷物・一時預かりの窓口があった。ローカル線の駅に、大きな台秤があったのを覚えている方もおいでだろう。あの秤は荷物の重さを量るためだったのだ。新宿や渋谷のようなターミナル駅では、駅本屋から離れたところに手小荷物の窓口があった。ちなみに駅本屋というのは駅構内にある本屋の売店、ではなくて、駅本来の建屋のことである。余談だが、本社採用の東大卒の建築関係の新人に「駅本屋を設計せよ」という課題を出したら、駅舎の脇に売店を描いて、矢印を引いて「本屋」と書いてあったそうだ。いや、話が脱線してしまった。

そんなわけで、私が小荷物にいた昭和51(1976)年の秋から翌年の正月にかけて、小荷物の窓口はいつも混んでいた。朝から20〜30人ほど並んでいる。一度、抱えきれないような大きな箱を2人がかりで持ってきた人がいたが、これは貨物だから貨物ホームの日通に持っていって、と言われてがっかりしていた。

窓口担当の職員が荷物を受け付けると、次に中継担当が内容と着駅を歌うように読み上げながら、後方の仕分け担当に渡していく。「お次は〜　マルショ

クー　マルショクー　（着駅）○○～　○○～」知らない人が聞いたら、お経か御詠歌である。あの独特なリズムも、今では廃れてしまって聞くことができない。誰か記録していないだろうか。と、ここまでは営業係（職員）の仕事であって、私たちアルバイトは荷物運び専門である。

荷物ホームに空身（からみ）（＝何も積んでいない状態）の2両連結の荷電（荷物電車）、クモユニ82形とクモニ83形が入ってきた。高崎線方面のクモユニ82形は郵便室と荷物室が半々だが、中央線のはほとんどが郵便室になっていて、おまけ程度にある荷物室は使っていなかった。クモニ83形の方は全室、荷物室だ。クモユニの方は郵政職員が、クモニの方には国鉄職員が、両開きの荷物ドアにベルトコンベアを掛けて、次々に荷物を積み込んでいく。ひとりに1本ずつ手鉤（てかぎ）という、マイナスドライバーの先を90度直角に曲げたような道具を渡されているから、それでひょいと引っ掛けて、コンベアに載せていく。

ベルトコンベアは4台配置の3台使用で、郵政省所有が1台、残りが国鉄所有だったが、あまり区別なく使っていた。早い者勝ちで調子の良いものから使う、みたいな感じだった。ベルトコンベアを職員はコンペと呼んでいて、ゴルフみたいだな、と思った。新宿駅受付の荷物だけではなく、東京はおろか、東日本各地から中央・身延・飯田・篠ノ井・大糸線内各駅着の荷物がトラックで運ばれてくるのだから、すごい量になるはずだ。車内にも2人ほど入って、コンベアから上ってきた荷物を車内に積み込んでいく。暮れになると荷物の量が半端なく、天井まで積み上げた。荷物車の内側や電灯が牢屋のように鉄格子がはまっているのは、荷物がぶつかってもガラスが割れないようにするためだ。天井まで荷物を積んでいたら、ニレチ(荷扱い車掌)が乗り込んできて、バカヤロー、これじゃ荷物が並べられないじゃないか！　と叱られてしまった。いや、そうしないと積み残しが出ちゃうんだよ、と言いかかったけどやめた。

荷物は荷札に書かれた駅名の順に並べておいて、順に降ろしていくのだが、それはニレチの仕事だ。プロに任せておけ。ニレチは乗り込む時、ヤカンと七厘火鉢を持っていく。七厘も中の練炭も、国鉄仕様の細長い特別のものだった。お茶を沸かして飲むためのものだったが、あのヤカンの中身は焼酎なんだと噂されていた。一度、コンベアに載せようとした荷物の着駅が「坂下」と書かれていた。表書きが墨痕鮮やかに「福島県会津坂下町」とあったので、急いで降ろして、近くにいた職員に「これ、行先が違いますけど」と言ったら、「いいんだよ。坂下（さかした）は中央西線だから」。「いやこれ、会津線の会津坂下（あいづばんげ）だと思いますけど」と言ったが、ひったくるように荷物を取ると、コンベアに載せてしまった。塩尻までに気が付いて戻ってくればいいんだけど。いや、たぶん坂下まで行ったんだろうなぁ。それは東武鉄道かどこかの私鉄駅が引き受けた荷物だった。

身入りの荷電が着いた時はその反対。新潟県西部の一部と長野・山梨県内の各駅からの荷物が一斉に降ろされる。新宿から先は昔は荷物電車だったが、割と早くから隅田川駅所属の荷電代行のトラックで運ばれていた。トラックのドライバーも国鉄職員だが、運転士より何ランクか低い運転係という職名だった。

積み下ろしは限られた時間内での勝負だから、休んでいる暇がなかった。私は泊りの仕事ができるから、と重宝がられたが、職員が二徹休み（泊り・明け・泊り・明け・休みのローテーション）のところ、アルバイトは三徹休みだったから、とても疲れた。家から履いてきた靴下がすり切れてしまったから、昼休みに新宿三越に靴下を買いに行ったら高級品しかなくて、しかたなくラルフローレンの靴下を買ったら、夕方には穴が開いてしまった。

泊りの時は、朝暗いうちに起こされると、いつも荷物ホームに貨車が3両停まっていた。中は飯田線内からのリンゴが天井まで遠慮なく積まれていた。黒い貨車のワム90000形はスマートで好きだったが、扉が片側にしかなくて、しかも中は暗いから、あんまり使い勝手がよくなかった。ワム60000形やワム70000形はワム90000形より新しい分だけ、多少はやりやすかった。ワム80000形は両開きの扉で、しかも車端からも開けることができたので、大変楽だった。ワラ1形はワムより3トン多く積めるだけあって、リンゴ箱をいくつ降ろしても終わらない気がした。リンゴの甘酸っぱい匂いをかぐと、今でも暗い新宿駅の荷物ホームを思いだす。

コンベアがあるにしてもないにしても、荷物を運ぶ時はどれも手鉤を引っ掛けて持ち上げるか、近くならそのまま投げる。鉄道荷物には紐を掛けるように指定されていたのは、実は手鉤を引っ掛けるためだった。味噌の入った一斗缶などは、角から落ちると、明らかに形が変わった。引っ越し荷物の布団は、布団袋に入れてないと、手鉤が引っ掛かると破れて中身の綿が出た。

重たいのは映画のフィルム缶。今はデジタルだからテープか光ディスク、どうかするとデータ送信だが、フィルムの時代は配給会社から地方の映画館にフィルムを送っていた。映画のデータに◯巻とあるのは、そのフィルムの巻数である。

米俵は、さすがに1俵は貨物扱いだが、半俵のはあった。手鉤を掛けると中の米がこぼれ落ちた。これで駅に鳩が多い理由がわかった。

ひよこやネズミは専用のケースに入っていた。こいつらは丁寧に運ばなくてはかわいそうだ。ネズミはたぶん、実験動物だろう。犬は犬箱という専用の箱で送られる。駅名の大きく書かれた頑丈な箱だ。ブリーダーに聞いたら、犬を送る時は、駅の犬箱だと箱の重さごと量られて運賃が高いから、アルミで自家製のを作った、と言っていた。

話は前後するが、わたしはその秋に国鉄の入社試験を受けていた。今と違って当時の国鉄は、入社試験を公表していなかった。だから指定校の新卒以外は、内部の人に頼んで願書をもらう以外なかった。国鉄職員に子弟関係が多いのは、そういう意味もあったと思う。私は父が国鉄職員だったが、父親には頼らずに代々木駅長に頼んで願書をもらった。受験票が届いた時、駅長と何人かの助役が受験番号を聞いて、どこかに電話をかけてくれた。「これで大丈夫」と言ってくれたが、あれは人事課にでも電話してくれたのだろうなぁ。今でもその人達には感謝している。

国鉄入社の２日前、最後の明けの日に「今度はあの電車を運転してきますよ」と言って荷物ホームをあとにした。それから16年もかかって荷電もなくなってしまったけれど、私は毎日のように新宿駅を通る電車を運転することになった。

第3章

就職し大宮機関区へ

憧れの国鉄へ

昭和51（1976）年の暮れに、国鉄から合格通知と初出勤可能な時期をたずねる往復はがきが届いた。運悪くこれを父が受け取ってしまった。父はその頃、山手線の運転士をしていて、子供の頃は私の憧れの人だったのだが、この頃になると頑固で融通の利かない人になっていた。さんざん問い詰められて、それでも私の決心の固いのを知ると、家を出るように言われた。まあいいや、どうせそうするつもりだったから。

明けて昭和52（1977）年1月。まだ出社日の返事を出さないうちに、1月11日に上野駅会議室に出頭せよ、というはがきが届いた（出頭だよ、出頭！何かの事件の容疑者みたいだな）。裏面が職務乗車証になっていて、これを持って最寄り駅の改札口を入れ、ということだった。

初出勤の前の日に、勧誘に来た国労の役員と動労の役員が家の前でバッタリ鉢合わせ！　国労に入ると言うと、おとなしく引き上げていった。後で聞いたら、1年先輩の人は、動労にさんざん飲み食いおごらせておいてから国労に入ったのだそうだ。もうひとり、私と仲の良かった先輩は背が低くて童顔なので、上野駅に「出頭」してきたところを、家出少年と間違えられて、補導されてしまった！

上野駅の会議室は、不忍口改札のあるホールの2階で、中に入ると歴代駅長の顔写真がずらっと並んでいて、威圧感があった。空気もひんやりと冷たく、これで線香臭かったら霊安室だな、と思った（失礼！）。今は駅ナカの商店街になっているところである。

この日の新入職員はたしか28人で、全員が田端機関区・下十条電車区・浦和電車区・大宮機関区・小山電車区・小山機関区・宇都宮運転所といった運転関係ということで、東京北局の運転部長代理か何かが簡単な挨拶と短い訓示をたれて、それから各現場に移動した。現場からは構内助役などが迎えに来ていたと思う。

就職し大宮機関区へ

大宮機関区に着くと事務室で事務手続きと説明があった。今日現在は臨時雇用員だが、来月からは準職員で、準職員の間に何か訴訟を起されると問答無用で解雇されるから、犯罪はもとよりくれぐれも交通事故などを起さないように。準職員の期間は半年で、8月には正式に国鉄職員として採用になる、というようなことであった。準職員から先は国鉄共済組合に全員加入するので、年金と健康保険証は国鉄共済。臨雇の間の年金は国民年金なので、1カ月に満たないけれど年金手帳が渡された。退職してからまた使うから、年金手帳はなくさないようにと。今もこれを書いていて、あの時の事務室の雰囲気や、事務係の声をはっきりと思い出す。

昼食は食べるところもないだろうと、組合事務室を開けてくれた。私は母が弁当を持たせてくれたのだが、後にも先にも弁当を持っていったのはその1回きりである。午後からは構内の見学と、区長室で区長や首席助役との懇談で過ごした。区長は鉄道模型が趣味で、HOゲージ、フルスクラッチのDD13形を見せてくれた。

区長室は見晴らしが良い。14時半頃、大宮工場からピカピカの出場気動車が出てくるのが見えた。ピカピカはいいけれど、ついこの間まで銀色だったステンレス車体のキハ35形901である。それが冴えないタラコ色とは！　入社その日に、いきなりがっかりした。だからキハ35形901が首都圏色になったのと、私の国鉄入社は同じ日であり、同じ時を歩んできたことになる。

今、横川の碓氷峠鉄道文化むらでキハ35形901の厚い塗膜を見ると、私はなんだか切ない気持ちになるのだ。

鉄道学園にて

現場に数日いると、大宮の市街地を外れたところにある関東鉄道学園で3週間の初等科教育を受ける。鉄道学園、私鉄では教習所と呼んでいるところもある。大宮駅北口からバスか、川越線の日進駅から歩くか。結構遠い。大宮機関区で同じ組合員の機関士科・機関助士科の先輩が寮室まで訪ねてきてくれて、何か困ったことがあったらすぐ訪ねてくるように言ってくれた。こういうのは何気に嬉しいものだ。

実はその頃の学園は荒れていて、寮の自室で大麻を栽培していたり、ついこの間も5階だか3階だかの窓から飛び降りて自殺した者がいたりした。しかも自室ではなく他人の部屋だったので、他殺も疑われた。なので新入組合員を守ろうという親心と理解した。今でもそんな習慣は続いているのだろうか。

束縛だらけの学園の寮生活だが、夜になると先輩たちだけでなく、担任講師や教科担当の講師が部屋を訪ねてきて、話をしていく。他愛のない話なのだが、こうやって様子を見に来てくれたのだろう。今思いだすと、ずいぶん新入職員を大事にしてくれてたんだなぁ、と思う。

初等科の授業はまず、鉄一と呼ばれる鉄道一般。教科書はマニアなら誰でも知っていることが難しく書いてある。なんならケイブンシャの子供向け鉄道図鑑を見た方がわかりやすいかもしれない。ただ、この教科書の初めの方に書かれていた「国鉄の貨物は戸口から戸口へ、全国津々浦々までレールはつながっている」が強く印象に残っている。「戸口から戸口へ」は昭和35（1960）年頃、国鉄がコンテナ輸送を始めた頃のキャッチフレーズで、その頃すでに死語だった。駅から積卸場所までのいわゆるラストワンマイルを通運業者に任せる、というそれまでの国鉄にない発想だった。

その時代、レールがつながっていれば私鉄線まで貨車が直通していた。国鉄バスや連絡汽船の切符も買えたし、荷物も送れた。実際、鉄道のない沖縄へも、連絡輸送を行っていた琉球汽船の那覇港まで小荷物を送ったことがあるし、那覇港発東京都区内行の硬券を受け取ったことがある。今では当り前だが、レールのないところはコンテナをトラック輸送するというのは、当時は画期的な方法だった。

けっこう力を入れていたのが安全教育。作業安全（作安）というカリキュラムだった。こうしたら事故になりますよ、誰かがケガをしたり、最悪死んだりしますよ、という事例が写真入りでたくさん載っていた、少々エグい教科書だった。

体育の授業もあった。たいていソフトボールをやっていた気がする。忘れてはならないのが国鉄体操。その起源は昭和7（1932）年までさかのぼるとされるデンマーク体操の一種であり、今でも職場体操と名前を変えて朝礼の後などに続けられている。各職場に体操委員まで置いて指導していた。

NHKのラジオ体操のようなものだが、手と足をバラバラに動かしたりするので、やたら難しい。学園の園庭でやると、通学途中の小学生などが目を丸くして見ていた。国鉄体操は入社してから退職するまで、ずっとついて回る。日勤者は嫌でもやらなくてはならないが、乗務員になると出勤時間がまちまちなので、やらなくて済むのがありがたかった。

学園の最後の仕上げは、列車防護訓練。関東鉄道学園には実習用のクモハ11形が設置されていて、自走はしないものの、訓練設備として使われていた。事故発生を想定して、併発事故防止のため列車防護を行う、という想定である。

列車防護とは、とにかく対向列車や後続列車を停めることである。それに尽きる。

まず車両用信号炎管に点火。次に軌道短絡器と携帯用信号炎管、信号雷管を持って下車。近くに踏切があればＰＢ押下。携帯用信号炎管１本に点火して、これをぐるぐると大きく回しながら見通しのよいところまで走り、反対側線路にもう１本の信号炎管を点火してレールに装着。軌道短絡器と信号雷管をレールに仕掛ける。信号炎管というのは、いわゆる発煙筒のことだが、鉄道用のものは煙よりも赤い炎で遠くから見えるようになっている。

軌道短絡器は２本のレールの光っている面に装着して、レール（軌道）を短絡（ショート）させる。レールに流れている信号電流が列車の車輪が載っているのと同じ状態になり、信号を赤にする。信号雷管はでっかい爆竹のようなもので、対向列車が踏むことにより爆音で運転士に知らせる。信号炎管は炎と一緒に溶けた蝋（ろう）が飛び出すので、やけどしないように注意しなくてはならなかった。もらったばかりの新しい作業着に穴を開けた人がいた。

就職し大宮機関区へ

列車防護訓練が終わると、初等科終了の賞状をもらって卒業となった。

日本一忙しい職場

2月に入り、臨雇から準職員になった。学園を卒業すると、いよいよ現場に正式に配属される。大宮機関区の同期生は4人で、全員過年度採用だった。過年度、つまり中途採用だ。国鉄の一般職の採用は25歳までなのだが、なぜか27歳大卒がいた。どうも労働運動がしたくて、コネで就職したらしい。初日は構内助役の案内で、機関区構内を前より詳しく説明してもらった。

2月初めのよく晴れて寒い日だった。助役が機関区で一番北側の108号転轍機を反位に転換して見せ、「これを反位にすると、北は青森から南は西鹿児島まで線路がつながります」と言った。青函トンネルはまだなかった時代である。ロマンを感じるねぇ。

レンガ庫の前ではＤＥ10形の巨大な燃料タンクを指さして、「これを満タンにすると、東京から青森まで無給油で行かれます」。ああ、ロマンだねぇ。

そして北から北部誘導詰所・気動車検修詰所・倉庫・ボイラー室・指導員詰所（旧投炭練習場）・仕業検査詰所・交臨検詰所・検修助役詰所・中番（道具番・ＤＬ〈ディーゼル機関車〉外勤機関士詰所）・機関区当直・転車台詰所・稲荷台信号所と挨拶しながら回った。このうち、北部誘導・転車台・稲荷台が私たちの主な仕事場になる。

前にもちょっと触れたが、庫内手の仕事がなくなった後、誘導が機関区の一番下の階層になった。下っ端とはいえ、機関車や気動車の脇に乗って留置位置まで誘導する、連結したり切り離したりの入換をするという、責任の重い、そして危険を伴う仕事だった。私は気動車とＤＬの入換担当、他の3人は電機回しの担当になった。

当時まだ川越線と八高線は電化されておらず、旅客はキハ30・35・36形という通勤形気動車、貨物列車と大宮操車場の入換にDE10・11形が使われていた。気動車は北部誘導、DLは庫前(くらまえ)の誘導と言っていた。

電機回しというのは、東北・高崎線からの上り貨物列車と、田端・新鶴見方面からの山手貨物線・武蔵野線の貨物列車がその先に直通せずに、大宮操車場で機関車を交換していたからである。今は貨物列車も目的地まで直行するようになって、機関車交換はほとんどなくなった。

当時はまだEF10・12・13・15形などの旧型の電気機関車が大量に残っており、戦後製のEF15形を除くと、戦前から戦時中にかけて作られた古い機関車で、蒸気機関車と同じ車輪の軸受が平軸受(プレーン軸)だったから、およそ100キロメートル走るごとに入庫して軸受を冷やさなくてはならなかった。

戦後のEF15形やEF58形はコロ軸受(ローラーベアリング)になった。終戦で廃れてしまう軍需産業技術を、伝承のために鉄道車両に転用したといわれている。これらは入庫しなくても長距離を走れるから、EF15形などは上越国境を越えて新潟からロングランしてくるのだった。

また隣が大宮工場だったから、機関車の入出場、気動車の出場も、すべて機関区構内で入換をした。その電気機関車の入出庫・気動車の入換・入換機の入出庫と組成などをトータルすると、1日に480回、入換が発生していた。これを8人の誘導がさばくのである。ひとり平均1日60回、機関車の脇に乗っていたことになる。雨の日も雪の日も。

私は気動車とDL担当の北部誘導担当になったが、出勤捺印場所と休憩室・仮眠室は電機回しの誘導や信号担当・EL(電気機関車)外勤機関士と一緒だった。昼はディーゼルの入換担当だが、夜は電機回しの手伝いに行った。貨物列車は夜間に多く走るからである。特に深夜の0時、1時台に入出区が集中していた。1時に早番と遅番が交代するから、この時間帯は喧騒を極めた。工場入場機の回送などがあると、戦場のような慌ただしさだった。

また当時は「水曜変更」という、水曜日の未明に到着する下り列車だけの時刻変更があった。これは日曜の夜、休日運転の時刻変更で九州を発ち、時刻変更のまま山陽本線・東海道本線を運転してきて、本来なら火曜日の深夜に到着のところを水曜の午前0時過ぎに大宮に到着するのである。忙しさMａｘの時間に来て、留置番線も変更になるので、たまったものではなかった。

私たちがあんまりひどい労働環境だ、と強く訴えたので、ある時、組合役員が視察に来て、「ここは国鉄で一番忙しい職場だ」と言っていた。数カ月前までいた、アルバイトに任せきりで自分たちは休憩室で長椅子で横になり、いびきをかいているような職場とは大違いだった。

見習いから一本へ

大宮機関区の誘導担当の出面は一徹から八徹までの8人と、信号代務の九徹、信号担当が1人の十徹(徹は徹夜勤務の略で、24時間1交代である。4時間の仮眠時間がある)で、同じ信号所の詰所には、電機の外勤機関士が2人、同居していた。私は気動車とDL担当なので、昼間は北部誘導詰所にいた。

最初の1カ月は見習い期間で、お師匠さんと呼ばれるベテラン職員が指導に付く。私の師匠はNさんという退職間際の温厚な人だった。Nさんは蒸気時代は燃料の親方で、構内に落ちていた石炭のかけらを拾うと、「これは夕張炭の○キロカロリー」「これは羽幌炭の○キロカロリー」などと一発で言い当てた。蒸気機関車大好きの私には、Nさんが輝いて見えた。帽子を取ると本当に光ってたんだけどね。

Nさんは兄弟で機関区に勤めていて、弟さんは片腕がなかった。若い頃、機関車が整備中に急に動き出し、車輪に腕を挟まれたのだった。その頃は休養管理室（乗務員の仮眠室）で起こし番をしていた。

川越線の気動車の入換は八徹の仕事だ。気動車は2両から7両まで列車によって編成がバラバラで、入庫してきた列車を次の列車に使うために、一度編成をばらして組み換えていた。たとえば、朝一番の入庫列車は9時10分頃、7両で入ってくる。これを2両・3両・1両・1両に分割すると、2両と3両の列車が1本ずつできる。1両は後の入庫列車につなぐために仮置きして、最後の

1両は予備車になるので、明日の朝まで庫の奥に留置する。電車なら編成のまま入庫したらそのまま出て行くのに、なぜ気動車はこんな面倒なことをしていたのかというと、当時の日本はまだまだ貧しくて、最小限の車両をできる限り有効に使う手段だったのである。人件費がとても安かった頃の発想である。

14時過ぎになると、洗浄線に留置していた3両で、工場出場車を迎えにいく。毎日ではないが、週2〜3回はあった。最大7両の長物をひとりで誘導するので、飛び乗りや飛び降りは当り前だった。こんな作業が18時頃まで続いた。

20時から0時半まで仮眠時間で、深夜1時に遅番と交代して電機回しの詰所に行くと、昔話が色々聞けて、私は耳をそばだてて聞き入るのだった。電機の誘導のOさんはかつて庫内手だった。彼が「蒸気の時代は大変だったんだぞ!」というと、Nさんが「いやいや、大宮なんか大したことない。尾久機関区にいた頃、常磐線のC62(シロクニ)形なんて、シンダーがへそのあたりまで溜まってるんだから。大宮はスコップで何杯か捨てれば終わりだ」。

シンダーというのは蒸気機関車の石炭殻(シンデレラはシンダーの女性形で

ある）。煙突から煙と一緒に吐き出されるものだが、大きい粒は吐き出されずに煙室に溜まる。それを煙室扉（蒸気機関車のボイラーの一番前のところ、トーマスなら顔の部分である）を開けて人力で掃除する。C62形はメカニカルストーカー（自動給炭機）が付いているので、ストーカーが石炭を粉状に砕いて火室（ボイラーの一番運転台に近いところ。火が燃えるところである）内に散布するので、微粉炭燃焼となり、シンダーの発生が飛び抜けて多かったのである。

煙室に溜まる石炭殻がシンダーなら、火室の下に溜まる灰をアス殻と言った。英語の Ash（アッシュ）が訛ったものである。灰を落とすピット（灰坑）をアスピット、機関車の灰箱（火室下部の灰の溜まるところ）をアスパンと言った。Ash pan、pan はフライパンのパンである。転じてトイレで大に行くことを「アスパンに行く」と言った。明け方に、アスパンに行ってくる、と言ったら、信号のHさんが「そんな古い言葉、よく知っているなぁ」と感心されてしまった。だってマニアだもーん。小の方はドレーン。シリンダーやエアータンクに溜まる水蒸気の凝結水のことだ。

七徹はＤＬの入換担当。朝９時に出勤すると、まず庫前と北部のポイント清掃。ポイントの鏡板（枕木上の先端レールが滑る部分）の塵（ちり）や汚れをウエス（ボロきれ）で拭い、油を塗る。この時、使い古しのペンキ刷毛を使うと、ふたつの作業が同時にできる。油はマシン油と軽油を混ぜたものを使った。ディーゼルの廃油を使ってもいいのだが、廃油は真っ黒に汚れていて、きれいに掃除した気がしなかった。

ポイント清掃が終わると、次は検査長室に行って、検査係と打ち合わせをする。交番検査・臨時検査など、措置の必要な機関車を何番線に入れるか、その他をしっかり打ち合わせる。必要ならメモを取る。だから作業着の胸ポケットにはいつもＡ６判のノートが入っていた。その後、中番詰所にＤＬ外勤機関士を呼びに行く。外勤というのは、定年間近や病み上がりなどで体力のなくなった乗務員を本線から降ろして庫内勤務にすることで、屋外で働くことから。電車区では構内運転士と言った。内勤はやはり本線乗務できなくなった乗務員を、当直補助などの屋内勤務にすることであった。

七徹の午前中はポイント清掃と少しの入換で終了。早めの昼飯を食べると、12時45分に42仕業のＤＥ10形が帰ってくる。昨日の夕方、42仕業で川越線の下り貨物列車を牽き、高麗川（こまがわ）から八高線の拝島〜寄居間を往復して今、帰ってきたところである。42仕業は、蒸気時代は９６００形牽引の客車列車だった。

北部から入区して中ピットか東ピット線に取り、給油・給水と砂の補給。ディーゼルの燃料油は軽油で、満タンにする。水はラジエーターの冷却水だが、ひと仕業終えるとかなり減るから、これも満タンになるまで補給する。砂はすべり止めで、筑波山の山砂を使っていた。砂箱の中で空洞になっていることがあるから、八分目までスコップで入れたら、突き棒で奥まで充分に突いてやる。「水は満タン、砂八分」と呪文のように言ったものだった。

14時過ぎに、今度は41仕業が帰ってくる。気動車の入換の合間にルートを取って、これも中ピットか東ピットに入れて、給油・給水・給砂。この後、庫１番から庫６番に入庫させて仕業検査などの整備を受け、41仕業は42仕業に、42仕業は43仕業になって出区していく。

就職し大宮機関区へ

そうこうしているうちに、大宮操車場の入換機が続々と帰ってくる。入換仕業は、入1～入6が上り坂阜(ハンプ=ラクダのこぶ状の線路の頂上で貨車を切り離し、坂を下る勢いで貨車の仕分けをする)、入7～入12が下り坂阜、入21～入23が上り方向別入換、入24～入26が上り駅別入換、入27～入29が雑入換だった。入31～入33が下りの方向別入換、入34～入36が下り駅別入換。入37～入38が北部入換だった。

操車場は三交代だから、入換機関車も三交代で、入1が日勤、いったん入区して入2として出区、入2は病院の看護師さんでいう準夜勤で、深夜に入3に現場交代。朝5時～6時頃に帰ってくると整備を受けて今度は入4として朝9時頃に出て行く。入1から39まで繰り返してまた入1に戻る。本線仕業は41から47まで、昭和44(1969)年までの蒸気時代はさらに51から53仕業まであった。こんなサイクルを機関車交番といった。

七徹は交番表(機関車交番を表にしたもの)をもとに、出区順に組成するのが主な仕事だった。夕方の出区は入2+入5、入8+入11、入22+入25、入32+

入35というように上り同士、下り同士で連結して、全部つないで信号所まで移動する。気動車の出場車があれば、所属が八王子・茅ケ崎・遠江二俣（とおとうみふたまた）・木更津などの上り方面なら上りの入換機に、宇都宮・真岡・高崎第一などの下り方面なら下りの入換機につなぐ。16時20分頃、入換機がぞろぞろと出区していく。

その頃、北部では工場から出場機が出てくる。工場の入換動車がピカピカの検査上がりの機関車をポンと突放（とっぽう）して引き上げていく。それを北部入換の入37仕業が受け取って、入区してくる。ただちに収容1番に取り込んでブレーキ試験を行い、その後1両ずつ留置線へ入換する。出場機が5両も出てきた日には、半泣きで入換することになる。

七徹を含む遅番は、17時から晩飯の時間なのだが、食べる時間がないこともしばしばだった。18時半頃、入37から入38に代った北部入換を出区させると、ようやく一息つける。20時から午前1時まで、電機回しの手伝いだ。休憩時間はない。

見習い期間は1カ月で、師匠のお墨付きがもらえると一本になった。一本というのはひとり立ち、ということだろうか。

食堂と床屋とスーパーマーケットのある職場

3月には高卒の新人が10人ほど配属された。早くも後輩ができたことになるが、彼らはまだ卒業式が済んでなくて、すぐ学園に入ったから、全員高校の卒業式に出られなかった。

私たちの同期は4人で、そのうちの2人が渡辺姓だった。3月に配属された10人の中に、同じ姓が二組いた。ひと組は鈴木というありふれた苗字だったが、もうひと組は沖縄出身と思われる珍しい姓だった。

なにかそこに違和感を感じたのだが、4月1日に乗務員新養成体系Aコース（入社後いきなり学園の機関助士科に入り、出てくれば即、機関助士というコース）で20人近くが機関区に配属になると、この違和感は疑問に変わった。彼らの中に、乗務員になるのに絶対に必要な医適（医学適性検査）に合格していないものが５人も含まれていたからである。

疑問というのはつまり、人事課だかどこだか知らないが、私たち1月の入社は3月末で定年退職する人の穴埋め要員で、３月入社は適当にアイウエオ順で配属を決め、４月から就職希望とハガキを出した者をAコースで採用したのではないか、と。組合の団体交渉で当局側を問い詰めたら、職員の養成は計画的にやってます、という答えだったが。本当のことは言わないだろうな。結局その5人は誘導に仮配属ということになって、誘導の詰所がいっぱいになった。彼らとしても不本意だったろう。

さて私はどこからも裁判を起されることもなく、６カ月の準職員の期間を過ぎ、8月には職員になった。基本給は7万２０００円で夜勤手当等が1万円近く付いたが、手取りは6万円ちょっとだった。父が家に入れろとうるさいので、毎月3万円を母に渡していた。大学は辞めてしまった。当時は大卒だと乗務員

就職し大宮機関区へ

になれなかったからである。学費をずっと自分で出していたから、父も文句は言えなかった。

毎月３万円でやりくりしていたが、アルバイトの頃の蓄えがあったので、学園を出てすぐ、当時発売になったばかりのＶＨＳのビデオデッキを買った。泊りの晩に見たいテレビを録画するためだった。１２０分テープが１本６０００円もした。秋葉原でも売っている店がまだほとんどなくて、「国鉄物資部指定店」の看板を掲げている店で買うことにした。店も強気で、定価から１万円引き＋テープ１本を提示してきた。物資部の名前を出したら、渋々さらに５０００円引いてくれた。展示品しかないというので、取りあえずそれを持ち帰って、後日新品と交換ということになった。

物資部、というのは、国鉄職員の福利厚生のために設けられた一種の売店で、大きいところでは今の小規模なコンビニくらいの品揃えがあった。大きい駅や職場ばかりでなく、高崎線の上尾駅のようなたいして大きくもない駅にもあって、顔なじみの駅員が交代で店番を勤めていた。子供の頃、よく父に連れられて買い物に行って、いつもみすゞ飴を買ってもらうのが常だった。

物資部を部内ではストアと言っていて、市価よりかなり安かった。大宮機関区にはストアはなかったが、お隣の大宮工場には結構大きなストアがあり、機関区構内互助会の会計をしていた私は、たびたびお茶を買いに行っていた。前任者が一番安い最低ランクの茶葉を買っていたので、ワンランク上げたら、年寄りに「お茶が旨くなった」と喜ばれた。コンビニや安売り店がなかった頃だったので、物資部ストアは一般の客も多く利用していた。

ストアはなかったが、機関区には食堂と床屋(理髪店)があった。職員が数百人いるような大きな職場には、たいてい食堂と床屋があった。食堂はまあ、値段と味が正比例の関係があるようなので、お味の方は推して知るべし。まだ見習いの頃、師匠のNさんと一緒に昼定食を食べて、夜も晩飯を頼むのを忘れたので食堂に行った。夜は定食がなくて、ライスと一品もののおかず、味噌汁を頼んだ。出てきたおかずは昼定食と同じものだった。同じものを2食連続で、しかも割高で食べるはめになってしまった。

品数は少ないが、きんぴらや豆腐を半分に切った冷や奴を別に頼むことができた。気動車の外勤機関士のTさん、豆腐が大好きなので、ある日、冷や奴を切らずに出してくれ、と頼んだら、それはできないと断られた。じゃあ冷や奴を2つくれ、とリクエストして差し出された2つの鉢の冷や奴をよく見たら、一丁の豆腐の切断面が合わなくて、2センチほど切り取られていることに気付いた。道理で味噌汁の具はいつもワカメと豆腐のはずだ。

食堂で遅い昼食を食べようと思ったら、1年先輩で仲の良かった機関助士のOさんが来て、ふたりでラーメンを食べた。さっき42仕業の帰りに投身自殺の人を轢いてしまったはずだ。遅れの理由は聞いていたので、「今日、マグロやっちまったんだって?」と聞いたら、「うん。足が取れちゃってね、切断面がほら、このハムと同じ」と言って、ラーメンに浮いていたハムを箸でつまんで口に入れた。いつからか、経費節減のためラーメンのチャーシューがハムに化けていた。

マグロというのは轢(れき)死体の隠語である。強心臓のOさん、どうもマグロに好かれているようで、民営化の時に東武鉄道に移られたが、あちらでも着実にマグロの件数を増やしている、と人づてに聞いた。初出勤の日に上野駅で補導されたあの人である。凄腕の鉄道模型モデラーだったが、そろそろ定年のはず。お元気でお過ごしだろうか。

床屋は50代の女性がひとりで切り盛りしていた。予約制で何度か行ってみたが、散髪の腕はまあまあだった。おばちゃんのおしゃべりには閉口したけれど。誘導の若い衆が髪を茶色に染めたら、すぐに父親が寮に訪ねてくることになり、あわてて黒く染め直したとか、他愛のない話だった。

ある日、昼休みに床屋のおばちゃんと内勤助役が、仮眠室の空き部屋から出てくるのを目撃した、という噂が伝わってきた。しばらくして、助役とおばちゃんが駆け落ちした、と聞いた。助役の奥さんが怒鳴り込んできたそうである。理髪室はしばらくそのままになっていたが、いつの間にか看板も外され、なくなってしまった。

気動車のエンジン始動の話

もうひとりの気動車の外勤機関士、Aさんの昔話。

川越線に気動車が走り始めた頃は、キハ41000形というガソリン動車だった。後にディーゼルエンジンに換装されて、キハ04形となるのだが、川越泊りの始発列車はエンジンを押しがけしていたという。押しがけ、オートマ免許の人にはわからないだろうが、マニュアル車の人は教習所で習うか、少なくとも聞いたことがあるはずだ。

私は入換の時、何度もやったことがあるが、気動車はクラッチで動力が切り離されているから、電車よりも抵抗が少なく、平坦なところならひとりで押していける。川越駅から上り方、大宮方面に向かって下り勾配になっているから、ひとりで押しだして、下り勾配を使って速度を付け、エンジンを始動させるのだ。駅を出たところに踏切があるから、踏切番と打ち合わせて、接近したら遮断機を閉めてもらう。

ところが冬の朝など、エンジンが冷え切ってしまい、なかなかかからない。ずーっと坂の下の方まで転がして行って、やっとエンジンがかかって戻ってくる頃には、踏切番が寒さで震えていたそうである。セルモーターが付いているはずなのだが、使えなかったのだろうか。それとも発電機は電灯用のバッテリーの充電用にしか使えなかったのだろうか。

昔、検修助役にいただいたキハ41000形の取扱説明書には、蒸気機関車や他の動力車で押しがけ・引きがけする場合の速度とギアの選択表が載っている。

Aさんは若い頃、池袋にあった東京鉄道中学を卒業されていた。鉄道中学は鉄道教習所の一部に建てられ、戦時中から戦後にかけて、池袋駅近くにあった。戦後は鉄道弘済会経営の東京育英中学→東京育英高校になったが、法律が改正されて国鉄が学校を経営できなくなると、芝浦工大が買い取って、その付属高校になった。鉄道中学時代の山本頼雄学校長はそのまま残り、育英中学・育英高校の校長として留まった。国鉄の手を離れて芝浦工大高校になった後も、長いこと校長を勤められて、生徒達を見守っておられた。

実は私はその芝浦工大高校の出身で、親子以上に年の違うAさんと私だが同じ校長先生の教え子だったのである。在学中に1年先輩と立ち上げた鉄道研究会は、50年以上経った今も鉄道研究部として活発に活動している。女子部員も何人かいて、鉄研があるからこの学校に決めた、という生徒の話も聞いた。なんと不思議なつながりだろう。裏のドブに流したイクラが鮭になって帰ってきたようで、なんとも面映ゆい気分である。

気動車と喧嘩(けんか)して敗(ま)けた話

これは私の失敗談。気動車の入換中、連結準備でブレーキ管ホースの止め栓を外そうとしたら、ホースが跳ねて顔面で受けてしまった。ホース先端の金具と思いっきりキスした形になったが、いくら鉄道が好きでも気動車とキスはごめんである。唇が切れて血が噴き出したのを整備監督のTさんが見ていて、すぐ病院に行け、ということになった。当時、大宮にも鉄道病院があって、事務係が社用車を出してくれた。

機関区から鉄道病院に電話したら、「ケガだって？ ひどいんか？ ひどいんなら他に行ってくれよ」と言われたそうである。そこをなんとか、と拝み倒して病院に行ったのだが、その日は土曜日で、当直の医師は耳鼻科の担当だった。ぶつぶつ言いながらも消毒して薬を塗ってくれたのだが、その薬は、なんと赤チンであった。これじゃ戦争中に機銃で撃たれたあの機関士と同じじゃないか、と思ったのだった。今の若い人は赤チンって知らないだろうなぁ。

数日後にNさんから「若い衆がケガをしたと聞いたから、誰かと思ったらお前かぁ。お前なら大丈夫と思ったんだけどなぁ」。師匠、心配かけて申し訳ない。40年経った今も前歯が1本、ぐらぐらになったままで、唇には傷跡が残っている。なんなら、キスしてみる？ かみさんは気が付かなかったよ。

ポッポ屋ならうどんを食え!

泊りの時の夕食は、決まってうどんだった。信号補助の九徹の人が午後中かかって茹でてくれる。誘導と信号担当あわせて10人と、外勤機関士2人の合計12人分のうどんは大変な量である。今のうどんの乾麺はだいたい1束200グラムだが、当時は250グラムが普通だった。これを茹でると相当膨らむから、普通はひとり分100グラムくらいだろう。

ところが誘導の若い衆、食べること食べること。大宮操車場の連結手から機関区に転勤してきた5人は全員、大食漢だった。しかし上には上がいるもので、1年先輩のTという男、動労にさんざん食事をおごらせたあの男である。うどんを2束(乾麺で500グラム)ぺろりと平らげ、まだ足りないとおにぎりを2個食べ、まだ足りないと言って食パン1斤を食べた。

私も敗けていられないとうどんを2束食べたが、それが限界だった。それを文句も言わずに茹でてくれたIさんには頭が上がらない。いくら食べても100円で、これじゃ悪いからと100円玉を何枚か差し出したが、Iさんは決して受け取らなかった。

その頃付き合っていた女の子が「たくさん食べる男が好き！」と言うので、たくさん食べていたら太ってしまい、あっさり振られてしまった。あれから40年以上経つのに、腹の周りの肉が減らないのはなんでだろう。いや、むしろ増えているような気がするんだが。

日勤職場の気動車検修などは昼にうどんを作っていたし、乗務員も出先の高麗川でうどんを作っていた。高麗川は大宮だけでなく、高崎や八王子の乗務員がいたから、それぞれにうどんを食べていたはずで、ずっと後になって中央線を運転していた頃、「八王子の高麗川うどん」を何回かいただく機会があった。八王子区のうどんは、ちくわやさつま揚げなどの練り物が入ることが特徴で、大宮の肉うどんと好対照だった。

秋になると、群馬から高崎線で通っている人たちが、山採りのきのこをたくさん持ってきてくれた。油で炒めてうどんのつゆに入れると、最高に旨かった。栃木から東北本線で通っている人たちはつゆに具を入れるのは邪道だ、と言っていた。中にはうどんに醤油をかけて食べる人がいた。讃岐うどんの釜揚げがそんな感じだが、あれは茹でたてにだし醤油をかけるのであって、冷めたうどんに普通の醤油は、ちょっと違うんじゃないかと思うのだが。

私の先輩のOさん(マグロ好き)が日本中あちこち撮影旅行に行って、駅や国鉄の職場を覗いては、「泊りの食事、なに食べてますか～」と聞いて回ったという。圧倒的にうどんが多く、たまに蕎麦の職場があり、米を炊くところはあまりない、と言っていた。うどんこそ、わが国鉄を代表する食べ物だ! ちなみに鉄道うどんは、かけうどんでも煮込みうどんでもなく、つけうどん(ざるうどん)で、つけ汁を1回ごとに捨てると叱られちゃうぞ。

うどんは消化が良く、安くてたくさん食べられるのだが、春闘のデモ行進で警察の機動隊とぶつかると、簡単に敗けてしまった。そりゃそうだ、こっちはうどんで不健康に太っているのに、あちらは肉食って筋肉太りしてるんだ。敵うわけがない、という声が聞こえた。

豚が逃げた！

大宮操車場から機関区に向かう下り入出区線の脇は、食肉処理場の引き込み線になっていて、「ブタ線」と呼ばれていた。昔は牛や豚、ヤギなどを貨車積みにして運んだのである。牛や馬などの大型動物を運ぶ貨車を家畜車（記号カ）、豚やヤギなどを運ぶ貨車を豚積車（記号ウ）、ニワトリを運ぶ貨車を家禽車（記号パ）といった。

カは家畜のカ、ウはブウブウのウとかヴタのウと言われているが、実は牛のウ。本来はこちらに牛を積むはずだった。パは英語のPoultryで（家禽）である。家畜車も豚積車も、餌や水を与える付き添い人の乗るスペースがあった。

付き添い人の手間がかかったことや、長距離の輸送で動物が弱ってしまうことがあり、トラック輸送に代わっていった。これらの貨車は比較的早く、昭和40年代には姿を消してしまった。

引き込み線は使われなくなったが、処理場はまだそこにあるので、時々牛や豚が逃げ出して線路沿いに機関区に入り込み、大捕物の騒ぎを起していた。

ある朝、入換の打ち合わせをしようと信号所に向かったら、明け番のOさんが目を輝かせて「あのな、あのな!」。オッちゃんと呼ばれていたベテランのOさん、ロン毛でちょっとイケメンなのだが、子供っぽいところがあって、この日も私に話したくてうずうずしていたようである。

「昨日、ブタ線からブタが逃げてきてな、すぐ処理場の人が追いかけてきたんだけど、機関区中逃げ回って大騒ぎさ!」「捕まった?」「うん。しばらく走り回って疲れたところを捕まったよ」ブタも殺されまいと必死である。以前にも牛が逃げてきて、ブタよりずっと大きいので、大迫力だったそうである。

処理場は稲荷台信号所の脇の小道を下り、国道を渡ったところにあった。その付近がちょっとした商店街になっていて、若い衆の頃はよく買い物に行っていた。一番手前が普通の肉屋で、串カツやメンチカツが美味しかった。私が行くといつもおばちゃんがおまけしてくれた。鶏皮を買いに行ったら、タダでもらってしまった。ストの時に久しぶりに行ったら、「ストライキの時は懐かしい人が来るのよ」と言って、その時も赤いウインナーをおまけしてくれた。

その並びに天ぷら定食屋があった。天ぷらといっても、かき揚げオンリーで、丼ご飯と皿からはみ出しそうなかき揚げと、それにほとんど具のない味噌汁が付いていた。丼めしは普通盛りを頼んでも、どう見ても普通の店の大盛りよりも多かった。多い・大盛りを通過して蒲田である(大井町・大森・蒲田というシャレ)。明けの日に普通盛りを食べていたら、処理場に豚を運んできたトラックの運転手、「国鉄のあんちゃんたち！　俺が若い頃はここの大盛りを2杯食べたもんだよ。しっかり食べてしっかり働けよ！」。

ここの大盛りと言ったら、蒲田も過ぎて川崎である(シャレだよ！)。これを食べられるのは、大食いのTしかいない！と思ったら、やっぱり常連だった。

処理場の門の近くに、内臓専門の肉屋があった。タイル張りのでっかい風呂みたいな水槽に、豚や牛の内臓がブワブワ浮いていた。ここにバケツを持ってモツやレバーを買いに行く。モツは中身が入ったままなので、料理にだいぶ手間がかかった。モツの中身といったら、ほとんどウ○コだから。レバーは新鮮で、まったく臭くなかった。そりゃそうだ、絞めたばかりだから。私はレバーが苦手だったのだが、ここのおかげで食べられるようになった。

レバーやモツを買いに行く時は、信号も横断歩道もない国道を渡って行くのだが、もし国道の真ん中で転んで、バケツの中身、生のモツやレバーをぶちまけて倒れたら、きっと警察や救急車を呼ばれて騒ぎになるんだろうな、と思うと、おかしくてひとりで笑ってしまった。知らない人が見たら、きっと変人に見えたろう。

臭い話

大宮操車場の連結手から機関区誘導に転勤してきた5人は、もともと田端機関区の誘導だったのを、機関士に登用するという約束で操車場に配置転換されていたのが、学園入所まで機関区構内に仮配属されてきたのだった。そのひとり、Kさんは面倒見のいい人で、尾瀬や西沢渓谷など、よく山に連れて行ってくれた。労組の役員で、組合運動を一から教えてくれたのも、この人だった。そのKさんが教えてくれた大宮操車場の話。

大宮操車場は、今は跡地がさいたま新都心になっている。広い広いヤードだった。その広いヤードの中に点々と詰所とトイレがあるのだが、昔のトイレは汲み取り式だった。それで月に一回、長物車(チキ)という材木や丸太、レールなど長さのあるものを運ぶ、屋根がなく床が平らなフラットカーにバキュームカーを乗せ、これを入27の雑入換の機関車につないで、各所のトイレを汲んで回るのである。一日中バキュームカーと隣り合わせで、機関士はたまらなかったろうなぁ。

ちなみにKさん、イケメンで俳優の草刈正雄によく似ていた。ところがこんな話ばかりしているので、草刈った(臭かった)正男になってしまった。

機関区だって臭い、汚い仕事はあった。気動車の分割(連結を切ること。開放ともいう)はブレーキ管ホースを切ったり、ジャンパー栓を外すのに、どうしても連結器の下に潜らなければならなかった。運転台の向き合っている側ならまだよかった。トイレの付いている中間の連結部の下に潜ると、そこらじゅうに人糞がこびりついて悪臭を放っていた。当時の列車便所は垂れ流し式だったからだ。ホースに血だらけの生理用品が乗っていたこともある。普段なら何度も洗って使う軍手を、こんな時は使い捨てにした。作業着もすぐ着替えて洗った。

どこまで行った？

Kさんの操車場の話、その2。

10000系貨車というのがあった。時速100キロメートルで運転される高速貨物列車だ。連結すると自動的にブレーキ管もつながるようになっていて、ブレーキ管ホースをつなぐ必要がなかった。

直行以外の普通の貨物列車は、到着すると坂阜(ハンプ)にかけるために端からブレーキ管ホースを全部切っていく。だからホースが切ってあれば、それは到着列車で、これから入換をする列車だ。10000系以外は。

大宮操駅の連結手。ある日の夕方、事務所まで行くのにちょっと楽をしようとして、動き出した貨車にポンと飛び乗った。ホースがつないでないから、ちょうど事務室の前あたりで停まるはずだった。ところがどんどん加速していって、飛び降りられない速度になった。やがて大宮駅を通過。それは八戸行きの特急貨物列車だったのだ。

次の停車駅は黒磯。吹きっさらしの貨車のデッキで寒さに震えながら、落ちないようにしがみついていたそうな。夜遅く、ヘロヘロになって帰ってきた彼に同僚がひとこと。「よぉ、どこまで行ってきたんだ?」

どこまで行った話のその2。

これは私の父が若い頃の話。終戦で陸軍から除隊になって、尾久車電区の技工をしていた頃だというから、昭和20年代の前半だろうか。車電というのは客車区とは別の組織で、客車や気動車の上回り検修、特に電灯やブザーなどを専門に管理していた部署である。

上野発の常磐線の下り列車。1両だけ電灯が点かない、ということで、2人で道具を持って出場。動き出してすぐ直ったので、次の北千住で降りるまで、ちょっと休もうと思ったのがまずかった。2人して眠りこけてしまい、目が覚めたら岩沼。まいったなぁと思ったが後の祭り。昼頃に詰所に戻って「帰りました」と報告したら、「どこまで行ったんだい」「はぁ、なかなか直らなくて」。残業手当は請求しなかったらしい。

頭が悪い！

機関車が入区してきて留置線まで誘導していくと、時にポイントの切り替えが間に合わなくて、前方の進路が開いていないことがある。こういう状態を「頭が悪い」といった。頭、すなわち前方である。機関士に「ポイントいっぱいまで行って、いったん停止」と通告する。停まってからポイントを直せばよい。しっかり赤色旗（夜は合図灯の赤）を表示して合図の途中であることを知らせないと、せっかちな機関士はパンタを下げたりエンジンを止めたりして降車してしまう。

進路上にすでに留置車がある場合は、「〇番アタリあり」と通告して誘導開始する。留置線が短かくてギリギリの長さしかなかったら「○番アタリいっぱいまで」である。留置車に連結する場合は「○番連結」と通告する。

先輩や同僚から「頭悪いよ!」と怒鳴られても怒ってはいけない。彼は進路が開通していないことを教えてくれているのだから。

もし「頭が悪いから、行って直してこい」と言われたら、あわてて医者に行ってはダメ。前方に走って行って、ポイントを転換、進路を確保することが大切である。

生きてるかーっ?!

梅雨時の雨のそぼ降る日だった。七徹で出場機の入換をしている時、無動(自力で動けない)の機関車を2杯(機関車はイッパイ、ニハイ、サンバイと数える）持って、国道の橋の上で折り返して1杯ずつ留置しようと考えた。外勤機関士と打ち合わせて、ＤＥの前ステップで誘導を開始した。

橋の上でポンと飛び降りたら、足を滑らせ転倒してしまった。すぐうつぶせになって一番低い姿勢を取った。頭の上を機関車が通過して行って、砂を撒きながら急停車した。機関士が運転台の窓から身を乗り出して「生きてるかぁ！」と怒鳴った。大丈夫、生きていた。生きていたからこんな話を書いている。橋枕木で太くて背が高かったから接触せずに済んだのだ。だがその瞬間、あっ俺死んだ、と思ったのは事実だ。

八徹で気動車5両の入換をしている時。最前部のステップに飛び乗ったら、足を滑らせてステップの内側に入ってしまった。両足のホールドがなくなって、宙ぶらりんの姿勢になってしまった。このまま行くと、レンガ庫の支柱に叩きつけられて即死か、良くて大ケガである。右手で手すりを掴んで、左手で赤色旗を出して振った。2秒くらいして非常ブレーキがかかって停まると同時にステップから足が抜けた。あの2秒は永遠に続くかと思われるくらい長かった。

この時も死ぬかもしれないと思った。

これも七徹で入換機の組成をしている時のこと、アッシュピットの上に飛び降りたら、木の蓋が腐っていて踏み抜いてしまった。それで両足の向こうずねにでっかい青あざができた。そんなことはしょっちゅうだったから、誰も気に留めてくれる人はいなかった。

飛び乗り飛び降りをするからケガをする。しなければいいじゃないか、と普通は考える。今思うと、なんでそんな危険なことをしていたのか。簡単なことだ。人がいなかったからだ。

駅や操車場の入換は、一操三連といって操車係ひとりに連結手３人の４人一組が最低限のチームで作業していた。機関区はひとりでポイントを換え、ひとりで脇に乗って誘導する。だからポイントの近くで飛び乗ったり飛び降りたりしないと時間内で作業が終わらなかった。最大７両、１４０メートルを入換するのに歩いてなんかいられない。

何度も団交（団体交渉）で危険な作業を強いられていることを訴え続けたら、

当局が1両ずつ分割して入換すればいいではないか、と言いだした。機関区は機関車の基地であって、機関車はそもそも1両で動くものだから、人員の増はしない、というのだ。たまたまその時、地本(地域本部の略だろうか)の労組役員が同席していて、「2両以上の入換には中継が必要と規定にある」と教えてくれた。それで長ものの入換には管理者が中継に立つ、と決まった。

組合的には大勝利を勝ち取ったことになるのだが、かわいそうなのは現場管理者の構内助役だった。普段だって忙しいのに、時間になると合図の中継に出てこなくてはならなかったからだ。当局は絶対に人員増を認めなかった。

痩せたり太ったり

1カ月ごとに痩せたり太ったりするもの、な~んだ? というなぞなぞがある。答えは月。夜空に浮かぶお月さまである。では痩せたり太ったりする車両部品はな〜んだ？

答えは機関車の車輪のフランジである。フランジというのは、車輪の内側のとんがった部分。これがないと車輪がレールから外れてしまう。このフランジが痩せたり太ったりするのである。電車や気動車の一部にはディスクブレーキの車両もあるが、機関車のブレーキはすべて踏面（とうめん）ブレーキといって、車輪のレールに当たる部分に鉄の制輪子を押し当てて、摩擦力で停める。

鉄の車輪と鉄の制輪子がこすれるので、当然すり減ってくる。入換機の制輪子などはすぐに摩耗限度に達してしまい、48時間ごとに交換するほどだった。車輪の方も減るのだが、こちらはタイヤ鋼という特に硬い鉄を使っているので、あんまり減らない。そのかわり、だんだんタイヤ部分の形（タイヤコンタという）が悪くなってくる。制輪子は踏面だけを押さえるので、制輪子の当たらないフランジの根元が太くなってくるのだ。

フランジが太くなると、軌間（レールの内側の幅）に対して車輪の幅が過大になるので、脱線の原因になる。それで入換機を定期的に本線に出してやる。そうするとあ～ら不思議。フランジが痩せてくるのだ。なんでかというと、本線上にはカーブがある。カーブを通過する時、遠心力で曲線の外側レールにフランジが押し付けられるので、フランジの根元が少しずつ減っていく。減りすぎると今度はポイントのフログ（轍叉部分、カエルの足に似ているから）に乗り上げて脱線の元になる。だから頃合いをみて入換に戻す。入換専用のＤＥ11形は、工場入場時に早めに車輪を削正（旋盤や砥石で正しい形に削る）で対処していた。気動車はタイヤの形が悪くなると、フランジ部分まで押さえ込む特殊な制輪子（乙型制輪子）に交換した。

　いつだったか、機関車が足りなくなり、工場出場の要検（重要部検査、２年ごとに行う）上がりのＤＥ10形を翌日朝から使うことになった。工場に残業してもらい、19時頃に出てきた機関車を他の入換機でピットに入れると、すぐに検査係の受け取り検査が始まった。ステップの黒ペンキがまだ乾いていなくて、ズボンの裾に黒い染みを作ってしまった。

なんでピットに入れたかというと、フランジ塗油器の角度を変えて、塗油用のローラーがフランジに当たらないようにするためだ。もともとカーブでフランジが減らないように油を塗るのがフランジ塗油器の役目だが、ローラーがレジン(合成樹脂で鉄より硬い)製で、入換用途ではかえってフランジを削ってしまうのだという。塗油器は消耗品だから1回も使われずに、油も満タンに入ったまま、次の入場で新品に交換されるのだろう。もったいない気がするのだが。

検査係による整備が終わったのが20時過ぎで、入換を終わったら夕食の時間がなくなってしまった。

この時は本当に機関車が足りなくて、入換機の交検A(60日ごとの交番検査)を書類上やったことにして、入換仕業に就けた。本線じゃなくて入換だから、何かあってもすぐ対応できるから、ということだった。次の交検まで特に注意して使う、という口頭での伝達があった。もう時効の話だろう。

怪談

どこにでもあるのだろうが、ここ大宮機関区にも怪談がある。

そのひとつは、川越線の指扇～南古谷間の荒川鉄橋の手前の築堤を上って行くところ。深夜にここに幽霊が出る、と乗務員の間で話題になった。地元でも噂されたようである。あんまり目撃談が相次ぎ、運転に支障が出るといけない、というので、昭和55(1980)年頃、鉄道公安官が2人、線路巡回に行った。終列車の運転台に便乗してきた公安官2人、顔が真っ青だったそうである。

川越線は国防上の理由、すなわち山手貨物線が空襲で破壊された時に、東北方面と東海道本線をバイパスする目的で急きょ建設が決まり、昭和15(1940)年7月に開通した。大宮を出ると左にカーブし、武蔵野台地をほぼ一直線に西へ向かう。前述の区間は墓地のまん中を突っ切っている。戦時体制下のこと、墓地移転の慰霊が充分でなかったのだろうか。川越線が電化されて、電車がバンバン走るようになると、いつの間にか幽霊話は消えてしまった。幽霊もきっと、高速で走る電車に目を回してしまったのだろう。

これは機関区構内の怪談。誘導詰所は転車台詰所とも呼ばれていた。1階が台所・食堂・洗濯場・事務スペース・畳の休憩室。2階がロッカー室と仮眠室になっていた。仮眠室は3部屋あり、それぞれに2段ベッドが2台ずつあった。信号・外勤を入れても12人、遅番・早番の二交代だから、見習いでもいない限り上段は使わない。早番が起きた後の生暖かいベッドに横になるのは、あんまり良い気分がしなかったが。昔は大部屋に雑魚寝だったから、今の4人部屋でベッドの方がまだマシなんだとOさんが言っていた。

ある時、ここのまん中の部屋に幽霊が出るという噂が立った。夜中にコツコツと窓を叩く音がする、というのである。そのうち、夜中に顔をなでられた、という人も出てきた。この幽霊、どうも手に恨みがあるようである。昔、飛び込み自殺でちぎれた腕が機関車に乗ってきてしまったので、穴を掘って埋めた。その上に詰所を建ててしまった。それがあの辺りだよ、と信号の年寄りが言った。それで誰もその部屋で寝なくなってしまった。そうすると誰かが上段に寝なくてはならなくなるので、若い衆から不満が出た。いびきのひどい人がいたからである。

幽霊の正体を確かめようと、私がその部屋に寝てみることにした。案の定、23時頃、すうっとドアが開いて、誰かの手が掛け布団をまさぐり始めた。今だ！　と電気を点けたら、誘導の年寄りK井さんだった。夜中にトイレに起きて、寝ぼけて部屋を間違えて入ってきたのか、他の人を起さないように、電気を点けなかったのだ。まぁ、その気遣いに免じて許してやろう、という気持ちになった。交代後にみんなで大笑いしたのは言うまでもない。

しかしその後もときどき、窓を叩く音がした。２階の仮眠室は、下の道路からは３階の高さがある。どうやっても外から叩くのは無理なのだ。

目の覚めるような話

怪談噺(ばなし)はどうも目覚めが悪いのだが、これは目の覚める話。

機関区構内は深夜1時に早番と遅番が交代するのだが、0時半に四徹の人が1部屋ずつ「時間ですよ」と起こしに来る。ある晩、「皆さん皆さん皆さーん、起きてください!」と大きな声で呼ばれたので、みんな起きてしまった。時計を見たら、まだ22時を過ぎたところで、ようやく寝入ったばかりである。どうやら若い衆の寝言だったらしい。みんな目が冴えてしまってなかなか寝つけなかったが、当の本人だけすやすやと寝息を立てて気持ち良さそうに眠っているのだった。

起こしに行くのが面倒だ、と0時半に入区してくる水戸線のEF80形を仮眠室の真下に停めた人がいる。大食いのTだった。EF80形は1台車1モーターの特殊構造で、モーターや主抵抗器に冷却風を送るブロワー(送風機)のゴーッという騒音がひどかった。これを窓の下に停められては、誰でも目が覚めてしまう。EF62・63形とEF64形の0番代もブロワーの音は大きいが、低音のハーモニカのような音で、私は好きだった。

人を喰った話

嘘だか本当だかわからない話をして、人を煙に巻くのを「人を食った話」というが、これは本当に人を食った、いや人を喰った話。

ある晩、京浜東北線の南行(なんこう)(東京駅に向かう列車はすべて上りなので、東京駅を通りすぎる列車は大船方面行を南行・大宮方面行を北行と呼んでいる)の終電車が出た後。まだ、さいたま新都心駅がなかった頃の話だ。

大宮の南銀(南銀座通り)でしこたま呑んで終電を逃した銀行員が3人、与野駅めざして線路を歩き始めた。そこへ下りの入区機関車がやってきて、轢かれてしまった。たしかひとり亡くなって、2人重傷だったかな。入出区が止まってしまったので、いつもは忙しい時間なのに、機関区構内は静まり返ってしまった。

そんな時、信号担当のSさんが語り始めた。「昔、Bさんという機関士がいてな、頭のいい人だったんだけど、庫の脇で本線を渡ろうとして、貨物に轢かれちまったんだよ。それを誘導のYというやつが見に行ってな、肉を拾ってきて焼いて喰っちまったんだよ。ほら、そこのストーブでな、今でも蓋のところに染みがついてるだろ、その時の跡だよ。おめーも喰えと言われたんだけど、断ったんだ」。

昭和20年代の食べ物のなかった時代の話だという。いくら飢えていても、人としてできることなのだろうか。私たちは無言のまま顔を見合わせてしまった。

同じ場所で、定年退職して半年も経たない、気動車の外勤をしていたMさんが京浜東北線に轢かれて亡くなった。市議会議員に立候補するので、挨拶に来るつもりだったらしい。退職者だったから、殉職にはならなかった。

それから1年もしないうちに、こんどは誘導の若い衆K田が轢かれそうになって列車を止めてしまい、構内助役がもらい下げに行った。通勤パスをなくしてしまい、再発行まで仮眠室に寝泊まりしていた。改札口から出られないので、夜な夜な線路を横切って南銀の呑み屋に行っていたらしい。それ以来、線路横断が厳禁になったのは、言うまでもない。

事故発生！

昭和52（1977）年の夏は梅雨明けが遅く、いつまでもしとしと雨が降るような、はっきりしない天気が続いた。8月のお盆を過ぎたその日も、どんより曇って、じめじめした日だった。

13時15分頃、私は大宮駅北部入換の合間を縫って、5両編成の気動車８４５D列車を庫の脇まで下げ、大宮駅信号に「８４５D出庫」と通告を行った。カラカラという音がしてポイントのモーターが回転すると入信（入換信号機）が開通して、まさに発車する寸前、前方で入換をしていた工場入場車の床下から土煙が上がったのが見えた。「おい、あれ脱線してないか？」と私が叫ぶ間もなく、バリバリドドーンという大きな音がして架線柱が倒れた。切れた架線が頭上から降ってきて、蛇のようにのたうち回りながらレールに触れて火花を上げていた。気動車外勤のTさんがエンジンを切ろうと駆け出すのを、すんでのところで止めた。

すぐ機関区当直に電話して、事故発生の一報を入れた。当直は機関区構内で脱線事故と思ったらしい。電力区に電話して送電を止めてもらったのだが、その間5分くらいはそこらじゅうで切れた架線が飛び跳ねていて、生きた心地がしなかった。変電所のハイピー（ハイスピードブレーカー＝高速度遮断機、異常電流を感知して、直ちに送電を止める装置）は動作しないようだった。

工場入場の貨車の最後部に連結された気動車が不連結になり、予期せずバックしたところ、８４５Ｄの出区のためにポイントが開通し、前後の台車が泣き別れになったところを気付かずに入換機で引っ張ったため、前後で違う線に入り込み、架線柱を巻き込みながら脱線したものだった。大宮駅最大の事故と呼ばれ、東北本線と高崎線が深夜まで不通に、京浜東北線も一時運転見合わせ。川越線は動いていたが、入庫しての給油ができなくなったため、整備の人がポリタンクで燃料を運んで給油した。かわいそうに、当該のキハ36形36は台枠がねじれて廃車になってしまった。

それから半年ほど経った昭和53(１９７８)年の春先、今度は機関区構内で気動車の脱線事故発生！　午前9時過ぎ、7両編成で大宮操車場の最南部まで行き、操車場職員の通勤輸送を担って、下り線から入区してきた。その日、誘導の若い衆Ａが遅刻してきて、作業着のボタンを留めながらとりあえず8番線のポイントを反位に返した。とりあえず、ってなんなんだよ！　運悪く5番通路線を通過中の気動車の最後部台車が8番線に入り、泣き別れ脱線になった。7

番線に留置中のＥＦ80形の正面に、第1ドアを食い込ませて斜めに停車した。私は庫の脇で到着を待っていたのだが、また目の前で脱線されてしまった。

６両目と７両目の連結が切れないため、気動車検査係が７両目の連結器をガスで切断した。８番線のレールが折れて、吹っ飛んでいた。午後になって１００トンクレーン車が到着して、架線を切断して吊り上げ、２時間かかって復線した。１番線から８番線の留置機関車が出区できないため、庫の脇まで引き上げて折り返し、９番線経由で信号所前まで誘導した。そして本線に一番近い収容1番線に機関車を並べて事故車を隠した。

当該のキハ30形38は４カ月ほど構内に留め置かれたが復旧し、川越線電化後は久留里線に移って、新型車への置き換えまで活躍した。

これだけの事故を起しながら、Ａにはなんのおとがめもなかった。組合の力でマルにしてしまったのである。事故は事故として、ちゃんと再教育しなかったから、その後も彼は事故を起こし続けた。詳しくは書けないけれど、あの事故もこの事故も、みんな彼の仕業である。

SLに乗ってドジョウすくい

大宮から水戸まで往復する貨物列車があった。東北本線小山のひとつ手前、間々田から今はない短絡線で水戸線に入り、友部から常磐線で水戸に至る。水戸線は全線単線で、貨物列車は大宮のD51形牽引でのんびり走っていた。

さてこれもSL機関士の昔話。

水戸線に乗務する時は、炭水車にパイスケ(バスケットの思いっきり訛(なま)った呼び方、竹で編んだザルやカゴである)を積んでいく。途中、長時間停車する駅があって、機関車の停止位置のすぐ脇に小川が流れていた。この小川にドジョウがいるのである。そこでパイスケの出番。ドジョウすくいは機関助士の役目で、パイスケを入れると面白いように捕れたという。ドジョウはもちろん、その晩のおかずとなる。

米は研いで飯盒(はんごう)に入れ、運転台の蒸気止め弁の上に置いておくと、終点に到着する頃には上手い具合に炊けていた。昔はボイラーの湯を取り出してお茶も飲めたが、戦後は清缶剤を入れるようになったから、飲むことはできなくなった。ドジョウも今や準絶滅危惧種になってしまい、天然のものはめったにお目にかかれなくなってしまった。

西瓜と干瓢

S機関士の話は続く。

水戸線の沿線は、西瓜(すいか)の名産地だった。「すいかの名産地」という童謡があって、娘たちが小さい頃、よく歌っていた。ちなみに元はアメリカ民謡だったのを、メロディーがいいからと訳詞を付けたらしい。

で、夏になると沿線には西瓜畑が広がっていた。これを見た機関士が「熟れていそうなのを1個、頂いてこい」と言った。助士は機関士の命令に逆らうことはできない。深夜、電灯を消して停車したD51形を降りると、とびきり大きいのを頂戴して、炭水車の水槽に浮かべた。終点に着く頃には上手い具合に冷えているはずである。

終点に着いてさっそく切ってみると、中は真っ白。それは西瓜ではなくて干瓢であった。回転していない寿司屋でお土産を頼むと海苔巻きにしてくれる、渡された家族がちょっとがっかりする茶色のアレである。そう、この辺は干瓢の産地でもあった。西瓜と干瓢は見た目がよく似ていて、夜目には違いがわからなかったのだろう。

西瓜にはもうひとつエピソードがあって、これは怖い話。

ある晩、ある機関士が投身自殺に遭遇して、首が切断されて自殺は成功。その生首を風呂敷に包んで、緩急車（貨物列車の車掌車、最後部に連結される）に置いてきた、と言うのである。ついでに車掌には「机の上に西瓜置いといたから、食べてもいいよ」。

しばらくして「ギャー」という悲鳴が聞こえてきた。車掌さん、かわいそうに精神錯乱を起こし、それきり元に戻らなかったそうである。遺体の一部を勝手に移動すると、死体損壊・遺棄罪に問われる。どこまで本当かわからないが、事実だとしたらひどい話である。

俺の汽車に飛び込みやがって

これも水戸線の話。発車直後の貨物列車に投身自殺を試みた男がいた。速度がまだ低かったから、自殺は失敗。大ケガをしたものの、生きていた。

しかし腹を立てた機関士、「俺の汽車に飛び込みやがって」と殴る蹴るの暴行を加えたそうである。それを通行人に見られてしまい、ひどいことをする、と投書されてしまった。

上司に呼び出された機関士、悪びれるでもなく「血も出ていたので、このままだと死んでしまうと思い、気付けのために叩きました」。それでマルになったそうである。（マル＝異常なし。マルにする＝事象をなかったことにする）

この話、全国で同じようなことがあったようで、だいぶ後になって西日本の方でも聞いた。

臨時列車あれこれ

今はほとんど見られなくなってしまったけれど、昔は春夏秋冬、行楽シーズンにはあちこちに臨時列車が運転された。たとえば、春は新宿～成田間の「不動号」、夏の海水浴シーズンには三鷹～大磯・茅ケ崎間の「かっぱ号」、大宮～

常陸多賀間の「かわらご号」などの海水浴臨、秋・冬には上野から秩父鉄道へ直通する「いもほり号」「秩父夜祭号」、冬は新宿～富士急行線河口湖間の「スケート列車」、各地へのスキー列車「シュプール号」など。めったにない行先だったり珍しい形式の車両が来たりで、沿線のファンにとっても楽しみな列車だった。

自家用車や高速道路などのまだ発達していなかった頃、庶民の手軽なレジャーとして人気があったのだ。レジャーが多様化し、また鉄道側も短絡線が廃止になったり、ATS―B・S・Pなど線区により使用車両が異なったりすることなどから、直通ができなくなった。これらのことから最近は春のゴールデンウィーク前後に、直流区間各方面から足利フラワーパークまでの「あしかが大藤号」が運転されている程度になった。

さて、昭和20年代も後半になると、戦後の世の中もだいぶ落ち着いてきた。その頃、手軽なレジャーとして流行(はや)ったのが海水浴で、夏になると海水浴臨が多数運転された。そのひとつに、池袋発船橋行きの臨時電車があった。

この2駅、もちろん国鉄線もつながっているが、どちらも東武鉄道の終点だと気が付いたアナタ！　素晴らしい。実は池袋から東武東上線で川越〜川越線で大宮〜東武野田線で柏〜船橋、という海水浴臨が昭和20年代の何年かに運転されていたのだ。このうち川越〜大宮間は非電化で、パンタグラフを降ろした東武の電車を蒸気機関車で牽引した。

パンタグラフを降下すると、そのうち圧縮空気がなくなってドアが開いたりしてしまうのだが、せいぜい30分くらいだからと黙認したのだろう。大宮駅に到着すると、複雑なポイントを渡って野田線の線路に乗り入れ、またパンタを上げると元気よく走り出した。

一番速い機関車

鉄道ファン、特に車両のファンなら絶対に知りたいことがある。それは一

就職し大宮機関区へ

番速い列車、一番速い機関車はどれかということ。ちなみに、世界で一番速い列車は、日本の山梨リニア実験線で出した、L0系の時速603キロメートル。レール上(粘着運転)の最高速度は、フランスのTGV試験車の時速574・8キロメートル。蒸気機関車の最高速度は、英国のマラード号が昭和11(1936)年に出した時速203キロメートル。国内の蒸気機関車による最高速度は、C62形の時速129キロメートルとされる。

ある時、Sさんに「一番速かったカマはなんですか?」と聞いてみた。Sさんは即答されて、「それはC50形だな」。意外な答えに驚いて、さらに突っ込んで聞いてみた。というのもC62形は動輪直径が1750ミリメートル、かたやC50形は動輪直径が一回り小さい1600ミリメートル。大正3(1914)年製造開始の8620形を近代化したとはいえ、昭和初期の古い機関車である。ボイラー蒸発量など、C62形の半分もない。

大宮工場の出場機を、試運転も兼ねて小山まで回送するのだが、工場の検査係が添乗してきて、「責任は持ちますので、できるだけ飛ばしてください」というので、毎回思い切り走らせた。そうすると120キロメートルまで振られている速度計の目盛りを簡単に振り切ってしまうそうである。「針の角度からすると、あれは140キロは出ていたね」とSさん。古参機関士の誰に聞いても、一番速いのはC50形だという証言は共通していた。

大宮にも昔、入換用にC50形が配置されていて、操車場から北部までの移送線を、貨車を牽いて75キロくらいで走ったという。当時の貨物列車の最高速度は65キロである。本線より入換の方が速くちゃいけない。操車係が手すりにしがみついて手旗を振っていたそうである。

貨物用のEF15形だって、単機なら100キロは出た。旅客用のEF58形だったら、いったい何キロ出たのだろう。歯車比から単純計算すると、155キロは出ることになる（公式な試験では時速123キロメートル）。誰か非公式な速度記録に挑んだ人がいるのではないかと想像するのだが。

こんな話を聞いているうちに夜明けが近づいてくる。眠い目をこすり始めると、Sさんの話はいつの間にか下ネタ交じりになってくる。そうか、あれは若い衆の眠気防止のために話を振ってくれていたんだな、と今更ながらに気付いて、感謝の思いを新たにしている。

ひと区間だけの特急機関車

昭和43(1968)年の秋だったか、折からの暴風で常磐線は停電、上り寝台特急「ゆうづる」が水戸駅で立ち往生していた。そのすぐ隣では、水戸線の貨物列車を牽くD51形が発車待ちでモクモクと煙を上げていた。

その「ゆうづる」に国鉄本社のエラい人が乗っていたのか、あの機関車を使え！ という指示が出た。さっそくD51形の連結が外され、パンタを下げたEF80形の前に連結する。ブレーキ試験が済むと、すぐ発車である。

重い電気機関車とフル編成の寝台列車も、D51形にとっては軽い荷物だ。偕楽園～赤塚～内原と通過して、友部まではひと区間。そして友部まで行けば、そこには電気が来ている。臨時停車してＤ51形が切り離されると、ＥＦ80形がパンタを上げ、数時間遅れで発車していった。

友部からは水戸線で大宮へ。単機になったから楽なものである。常磐線が昭和42（１９６７）年に全線電化されると、「ゆうづる」の牽引機はＣ62形からＥＤ75形に変わり、翌43年の９月に佐世保線の寝台特急「さくら」を牽引していたＣ11形がＤＤ51形に置き換わると、国鉄線上から蒸気牽引の特急列車はなくなった。非公式だが、最後の特急牽引蒸気機関車は、Ｃ62形でもＣ11形でもなく、普段は貨物列車しか牽かない、大宮区のＤ51形だった。

レールがない！

武蔵野線が開通する前だから昭和47（１９７２）年だろうか。深夜に大宮からＤＥ10形の工臨（工事用臨時列車）で資材を運んでいた。その日、線路に撒く砂利（バラスト）を運んで、西浦和からまだ工事中の武蔵野線に入った。バラスト降ろしでは保線区員が停止位置を指示する。それで添乗の保線区員に「どこまで？」と聞いたら、「まだまだ」。いい加減走ったのでまた「どこまで？」と聞いたら、「まだまだ」。

おいおい、どこまで行くんだよー、と前照灯に照らされた前方を見たら、レールがなかった！ 非常ブレーキで停車して、あやうく脱線の難を逃れた。Ｗさんに聞いた話である。

お召列車の記憶

天皇陛下の乗られる列車をお召列車という。他の皇族が乗られる場合は御乗用列車と呼ばれ、同じ車両を使っても、運用は厳密に区別される。最近の列車運行システムでは、列車番号がないと制御できないのでお召列車にも列番が付けられているが、それまでは長い間、お召列車には列車番号がなかった。電略（電報で流す場合の略号）は「オメシ」または「オレ」だった。一般向けには、特別列車と呼んでいる。

平成の天皇と今上陛下は特別扱いはお嫌いだとかで、一般列車をご利用になることが多い。それでJR各社には防弾ガラス仕様のグリーン車が用意されていると聞いている。警備上はお召列車の方が楽なんだけど、というのがちらっと聞いた上層部の本音。

昭和天皇は、移動にはたいていお召列車を利用された。地方行幸の際は1号編成を用いた客車お召だったが、那須や葉山の御用邸にはクロ157形を連結した電車お召だった。

お召列車が運転される時は、通過する沿線の機関区・電車区構内に、非常予備車が待機している。電車は営業用の編成を1本、待機させているだけだが、機関区では機関車＋機関区の救援車＋客貨車区の救援車＋保線区の救援車の順に組成して、ディーゼル機関車はエンジンをかけっぱなしのまま待機する。上りと下りでは編成が逆になる。

陛下は毎年夏になると那須の御用邸に避暑に出かけられ、終戦記念日前に式典出席のために戻られ、その後にまた那須に向かわれる。何度も往復されるそのたびに、非常予備車を組成して待機させなければならなかった。早朝の一番忙しい時間に、この入換作業をするのは、とてもきつかった。お召列車通過後、次の機関区・電車区にバトンを渡すと、今度は編成をばらさなくてはならなかった。これは七徹の仕事だったので、忙しいのを口実にポイント清掃をサボったこともある。

ある夏、誘導の若い衆とDL外勤が示し合わせて、下りの編成のまま上りの非常予備にしてとぼけてしまった。それでどこからも何も言われなかったので、以後そのまま定着してしまった。

お召列車が行ってしまうと、その日の午後、関係者に菊のご紋の入ったタバコが配られる。ひとり2本で、なんだか馬鹿にされているような気がする。私はタバコを吸わないのでいつもは断っていたのだが、ある時、ひと箱くれと頼んだら箱ごとくれたので、家に持って帰って明治生まれの祖母に渡した。祖母は何度も吸ったことがあると言い、「戦争中は勤労動員されて、後でこんなものを2、3本もらっても、ちっともありがたくなかったさ」。なんだ30年経っても、国のやってることは変わらないじゃないか、と思ったものだった。

結局、そのタバコは高校の先輩の所に持っていったのだが、ひと口吸うなり「なんだこの不味(まず)いタバコは！」。刻みタバコではなくて、葉巻の上から紙を巻いたものだった。高級なんだろうけど、誰も喜ばない、というのが正直な感想だった。

懺悔

ある年のダイヤ改正で、荷1032レという列車が設定されて、牽引機のEF58形が入区するようになった。はっきり覚えていないが、昭和53(1978)年頃だったとおもう。1032列車は青森発京都行きで、大宮操に深夜の0時28分着、発車が11時頃で、順光の一番いい時間に山手貨物線を通過するので、撮り鉄に人気の列車だった。大宮機関区には一番忙しい1時ちょっと前に入ってきて、10時過ぎに出て行く。EF58形は全長が長いので留置線がなく、転車台機待線くらいしか置いておくところがなかったのも面倒だった。

なんでそんなに長時間停車しているかというと、理由は「乗務員を寝かせるため」。機関車は宇都宮運転所所属だが、乗務員は小山機関区で、小山から大宮まで1時間足らずである。私らは4時間しか仮眠時間がないのに、荷物列車の乗務員は9時間も寝るんだ、と思ったら面白くない。それで何度も団交に挙げたら、次のダイ改で考慮する、という回答を引き出した。

そしてダイヤ改正。荷１０３２列車は大宮操を通過して、横浜羽沢で仮眠時間をとるようになった。小山から通しても、妥当な実ハンドル時間だと思うし、当局もそれで良しとしたのだ。

当時の鉄道雑誌に、「悲報、１０３２列車が撮影不可能時間帯に」と書かれていて、撮り鉄諸氏が大いに落胆しているのがわかった。

今だから懺悔(ざんげ)しよう。撮影不能にした犯人は私である。神よ赦(ゆる)したまえ。

文化祭とミステリー

昭和56(１９８１)年だったか、私は組合青年部の文化部長になった。機関区では毎年秋に文化祭をやるのだが、書道・油絵・写真・盆栽・菊などの展示で、にぎやかではあったが、変わり映えがしなかった。今年は何か目新しいことを、と言われていたので、映画を上映することにした。機関区の新庁舎が完成して、上映会場にぴったりな講堂もできたことだし。

当時、国鉄本社が職員の娯楽や厚生のために、映画会社と契約して何本かの劇場映画のフイルムを貸し出していた。事務係のTさんに相談したら、さっそく『男はつらいよ』の第1作を手配してくれた。私は16ミリ映写機の取り扱い認定証を持っていたから、浦和の埼玉県立図書館に行って、古いアニメ映画も借りてきた。正門のところにポスターを貼って、どなたでも歓迎、と書いたら、近所の人が何人か見に来てくれた。

文化祭の反省会で、親組合の役員が「今年は外部の人が賛同してくれた。労働運動はこうでなくちゃいけない」と誉めてくれた。なんだか嬉しかった。

その翌年は明治36（1903）年に建てられたレンガ造りの機関庫の80周年だった。記念に何かやりたい、と機関区当局が言ってきたので、「じゃあ機関車展示会」と口にしたら、それで行こうと本決まりになってしまった。レンガ庫

80周年記念プレートと、スライスレールも作ることになった。

記念プレートは私がデザインし、川口鋳物工業協同組合に行って砲金で作ってもらった。スライスレールは庫北部５番線に明治40（１９０７）年米国カーネギー製の60ポンドレールがあるのを私が見つけてきて、それを外したのを業者に依頼して薄切りにし、メッキをかけたものだ。どちらも80周年式典でＯＢに配られ、名区長といわれた金子巧さんに「良いものを作ってくれた」とお褒めの言葉をいただいた。

そして機関車展示会。ＤＥ10形は自区の10重なりＤＥ10形10号機を、田端がＥＦ80形を、高崎第二がＥＦ15形を、そして宇都宮は日光線のお召列車牽引機・ＥＦ58形１７２号機を貸してくれた。お召の後、ずっと休車になっていたのか、ほとんど汚れていなかったのだが、回送の際に剥がれてしまった自連（自動連結器）と手すりに（勝手に！）銀色を入れてお召仕様にした。直前に動労が協力を拒否したが、入換ならお手の物だ。展示会は成功裏に終わり、機関区当局も大喜びだった。

その次の昭和58(1983)年は、国鉄の累積赤字が国会で問題になり、国鉄は全職場あげて増収に取り組んでいくという状況だった。例によって機関区当局から「なにか良いアイデアはないか」と聞かれたので、「ミステリー列車」とつぶやいたら、「それいいね」という話になった。コースも検討してくれ、というので電気機関士・気動車運転士・検査係から1名ずつと、構内からは私のチームで、運賃・実キロ・時刻そして行先を追い込んでいった。行先不明のミステリー列車の行先を決めるとは変な話だが、そういう経験をした人、そんなにいないのではないかな?

客車は12系6両、大宮～高麗川～高崎～桐生～足尾～桐生～小山～大宮というルートで、最終目的地は足尾銅山で鉱内トロッコ列車に乗車、というものだった。全区間重連機関車で牽引、というマニアックな設定でもあった。当日は私も添乗員として乗車したが、とても疲れたが充実した1日だった。

と、こう書くと私がいかにも仕事と趣味を堪能して、毎日満足していたように見えるだろう。確かに仕事はきついけど楽しかった。しかし私はいつも怒っていた。いや、もう爆発寸前だった。何年経っても乗務員にはなれず、試験すら実施されなかったからだ。自分のことだと思うから、好きでもない組合活動も熱心にやった。が、「運転士登用試験を実施せよ」という当局への要求を「これは何回出しても通らないから」と削除された時、失望を禁じえなかった。それきり組合活動はすっかり冷めてしまった。

後から入社した者がどんどん乗務員になっていくのを見るのはイライラしていた。そしてただただ悔しかったのだ。

お召機関士の屈辱

民間委託の整備会社の所長に、Kという定年退職した助役が赴任してきた。

Kはもとお召列車の機関士ということで、ずいぶん威張っていたし、煙たがられていた。

午前の最後の仕事に、気動車を洗浄線に入れる、という作業があった。整備会社の人が車体の内外を掃除するのだ。特に外板は洗剤を付けたデッキブラシでこすり、水をかけて洗剤を流す。その日、洗浄線のレールの上にデッキブラシが落ちていた。というより、デッキブラシが放り出してあったように見えた。

七徹の若い衆が「これどうしましょう」というので「そのブラシ持って整備会社に行って、Kはいるかと呼び出して、どういうことだって、どやしつけてやれ！」と言った。若い衆、嬉しそうにブラシを持って走って行くと、笑顔で帰ってきた。「うんとどやしつけてやりましたよ！」と笑っている。しばらくしてKが謝りに来た。いつもふんぞり返っていたのが平身低頭である。それを見てちょっとだけ気が晴れた。

くどいようだが、その頃私はいつも怒っていた。そしてそういう時の私はとても意地悪なのである。

5段階評価、キミはDランク!

ディーゼルの機関士で、私とずっと仲良くしてくれていたKという先輩がいた。その人は御殿場線のD52形のカマを焚いていた人で、筋金入りのSLマニアだった。国鉄で最初に小集団活動を始めたのも、この人(と私たち)だった。「ミステリー列車」の仕掛け人のひとりでもある。

その人が非現業部門に移って、秋葉原にあった東京北鉄道管理局の電算機室で仕事をしていた。そのKさんから電話があった。昭和60(1985)年に入った頃だ。当時も今も秘密なのだろうが、国鉄当局は職員一人ひとりにA〜Eまで5段階のランクをつけて密かにコンピューター管理していたのだ。

Kさん、開口一番「あんた何かやらかした!?」

聞けば、当局がこっそり職員の5段階評価をしていて、私は下から2番目のDランクとのことだった。そう言われても、まったく身に覚えがない。それどころか構内のレール継ぎ目板折損を何カ所か見つけて、抜擢昇級をもらったばかりだ。あるとすれば、文化祭やらミステリー列車で悪目立ちしたのかも、という程度だった。誰か管理職の気にくわないことでもあったのかもしれない。

Kさんの言うことには、すでに民営化後の新会社へ採用の準備は始まっていて、Aランク＝会社組織に忠実な者で採用確実、Bランク＝Aランクほどではないが採用に差し支えない者、Cランク＝採用に一考を要する者、Dランク＝採用基準を満たすかぎりぎりの者、Eランク＝解雇確実。

「その評価、いじれないの?」と聞いたら、「いや俺でもそれは無理だ、とにかく行動には気をつけろよ」、と。

まあいいや、なんとでもならぁな。重大機密を耳打ちしてくれたKさんに感謝しつつ電話を置いた。

提案

国鉄にはずいぶん昔から「提案」という制度があった。作業安全・効率化・増収などすべての分野で、思いついた改善策を提案して、採用されると金一封がもらえたりした。トヨタの「カイゼン」活動と似ている(かもしれない)。ただ、めったに採用にならなかったり、自分が出してボツになった案を誰かが後から提出して採用されたりするようなこともあった。

当時、東京北局運転部に転勤になった先輩機関士のKさんに久しぶりに会ったら、「鉄道模型や鉄道部品の店を作りたいねー」という話になった。彼も私もモデラーであり、収集鉄でもあった。そして理想の店がないなら、作っちゃえ！　というノリだった。構想を練るのは楽しかった。Kさんが書類を作ってくれて、連名で提出してくれた。そしてまたそれが、どういうわけか採用になって、上野駅構内に直営売店を出すことになった。Kさんが内部から相当プッシュしてくれたのではないかと思う。

国鉄直営店、鉄道ファンの店「ホイッスル」は昭和60（1985）年8月末に開店することになった。ホイッスルの名前も私が付けた。ホイッスル＝汽車の気笛のことである。始発駅・上野にふさわしい店名ではないか！

店内のレイアウト（今はジオラマというらしいが私は慣れない）はKATO（関水金属）に発注することになった。HOゲージとNゲージが同時に運転できるアイデアだった。当然、Kさんも私も店員になるつもりだった。だがその前にどうしてもやりたいことがあった。私は10日間の年休（年次有給休暇）を申請して許可された。

国鉄職員ではなかった

昭和60（1985）年の6月、前から申し込んでいて確定していた年休が一方的に取り消された。そうしたのは私の直接の上司の構内助役ではなく、まったく関係ないはずの指導助役のM川だった。いよいよ国鉄民営化が迫り、他人を蹴落としてでも新会社に行きたいという者もいて、M川助役の越権行為は、明らかに上層部への「できる自分」アピールだった。

組合に苦情申し立てに行ったら、役員が今回は諦めてくれ、という。私はここでもうブチ切れて、その場で辞めてしまうつもりでいたら、青年部長やその場にいた青年部員が全力で引き止めてくれた。私は後戻りできない性格なので損ばかりしているのだが、行かない休まない辞めない（派遣出向に行かない、一時帰休に応じない、依願退職しない）という組合の方針を曲げてまで、とにかく辞めないで一時帰休になるようにしてくれた。一時帰休、違う言い方をすれば一時解雇である。

その頃、職場はぐちゃぐちゃに乱れていた。構内助役は1カ月以上、家に帰れないでいた。明らかに寝不足で、目は落ち込み、顔がむくんでいた。そして私に「明日から来なくて良い」と言ったので、「じゃあ来ないよ」と言ったら「い、いや、ここ今月いっぱいは出てくれ」と、おどおどしながら言い直した。

国労組合員は半分になっていた。かつて一緒に働いていた後輩も、私が朝の挨拶をしても、顔を背ける者もいた。動労組合員の、例の機関車展示会に協力しない、と言った男は勝ち誇ったように、「お前なんか仲間じゃない」と言い放った。私はあの言葉を一生忘れないだろう。だいぶ後になって、その男が精神を病んで、退職したことを知った。看病している女性は奥さんではないことも。人間、やっぱり悪いことをしちゃいけないんだよ。

あちこちの職場に散っていた先輩が3人、将来を悲観して首を吊った。民営化は国鉄に働く者の心をズタズタに切り裂いたのである。

翌日、明け番で浦和の埼玉県庁にパスポートを作りに行った。申請書の職業の欄に国鉄職員、と書いたら、窓口の男の職員が、ふふんと鼻で笑って「国鉄職員なんて職業はないんですよ」と言った。「じゃあ俺の職業って何なんですか?」と聞いたら、「あんた方の職業は、団体職員と言うんです」。なんだか哀れみを込めた目で見つめられてしまった。

そうか俺、国鉄職員じゃなかったんだ。ＮＨＫや社会福祉法人の職員と同じである。そう思うと急に肩の力が抜けた。

付き合っていた女性に、「クビになっちゃった」と伝えたら、またあっさり振られてしまった。俺の人生、こんなのばっかり。

就職し
大宮
機関区へ

第4章

直営店から乗務員へ

KATO関水金属で

国鉄を一時解雇になった私は、先輩のKさんが加藤社長に掛け合ってくれたおかげで、7月から鉄道模型メーカーのKATO(関水金属)で働くことになった。自分で発注したレイアウトを、自分で作る羽目になった。

レイアウトはHOゲージも走るかなり大きいもので、木製の台枠は木工業者が作り、KATOの本社工場に運ばれてくることになっていた。それが届くまでは何もすることがなく、まあ本でも見て勉強してよ、と言われたので、本棚にずらっと並んだレイアウトの作り方の本を読んで過ごしていたが、だいたいは前にも読んだことがある本ばかりだった。

1週間ほどで台枠が届いた。決して軽くはない私が乗っても、びくともしないくらい頑丈にできていた。そんなに頑丈で重いものが必要なのか、ちょっと疑問だったが、まあこれなら長持ちするだろう。材料は、工場にあるものはなんでも使ってよかった。石膏プラスターと芝生マットは大量にあったが、樹木はほとんど在庫がなくて、禿山(はげやま)同然な山が出来上がった。動物や人形などのフィギュアも配置したかったのだが、これも在庫がなかった。レールはNゲージはKATOのユニトラック、HOゲージの方もユニトラックを使うように加藤社長から指示があったのだが、製品化が間に合わず、イギリスのPECO製フレキシブルレールを使った。トンネルポータルもPECO製である。

もともとKさんが考えたのは「音の出るレイアウト」ということだったのだが、KATOの上の人に聞いても具体的にはっきりせず、納品直前になって2万円以内で何とかしてくれ、と言ってきた。いまさらアンプやスピーカーを設置するわけにもいかず、どうしたものかと考えていたら、じゃあラジカセでも買ってきて、と言うので、前日に私が秋葉原でラジカセを仕入れてきた。

ホイッスル店内に設置して、調整を繰り返していたら、翌日はもう開店日である。国鉄が鉄道ファン向けに直営店を出す、というので、結構話題になったし、初日からお客様が大勢詰めかけてくれた。Kさんをはじめ、顔見知りのスタッフはみんな緊張して顔が引きつっていた。私は脱線事故や不調に備えてレイアウトの後ろに隠れていた。鉄道雑誌各社も取材に来ていて、当時の記事にはKATOの制服を着た私が写っている。

加藤社長は国鉄から何人も採用したいと言ってくれていたが、私があんまり働かなかったので、誰も続く者はいなかったようである。ホイッスルのレイアウトの仕事が終わったので、一区切りついた私は、KATOを辞めて世界放浪の旅に出た。もう日本に帰らなくてもいいかな、と思っていた。

外資系の会社に

旅費が残り少なくなってきたので、帰国してアルバイトをすることにした。知り合いが心配してくれて、建築機材を輸入販売する外資系の会社を紹介してくれ、そこでスイス製の削岩機や振動ドリルなどを日本国内仕様に変更する仕事をすることになった。

最初の日にひとりで仕事をしていたら、夕方、鍵を掛けられて取り残されてしまった。ビルの守衛さんに頼んで出してもらったのだが、その会社では残業はなく、全員定時退社だった。

日本国内で販売する電気製品は、家電・プロ用機材問わず、電源ケーブル（コード）に国産品を使わなくてはならないことが法律で決まっている。電源ケーブルをよく見ると、逆三角形に〒のマークが付いているのがそれである。

振動ドリルのケーブル交換、発火対策品のスイッチに交換、国内仕様のグリスを補充することが最初の仕事だった。スイス製の機材は精密なのが売りだったが、設計が精密すぎて、オイルシールのパッキンを外すのに、完全にバラバラにしなくてはならなかった。最初に入っていたグリスは緩すぎて、日本の夏だとオイルシールから漏れ出してしまうのだった。

スイスはドイツ語圏なので、工業製品のマイスターがいる。マイスターが責任を持って製造するので、出荷検査を行わない。一度、ケーブルを取り替えてスイッチを入れたら、モーターは回転するのに軸が回らない事象があった。中を開けてみたら、安全クラッチの代わりに割れたクラッカーが入っていた。形から見て、あれはナビスコだな。組み立てのパートのおばちゃんが、おやつを食べておしゃべりしながら組んだのだろう。こういうことがあるから、出荷検査はやらなくてはいけない。

修理も担当したが、欧米だと8時間労働で機械の動くのはせいぜい2時間か3時間程度で、それが日本だと同じ8時間労働でも機械の動くのは9時間とか10時間だったりする。みんな残業するからね。だから半年から早いものは3カ月くらいで修理に持ち込まれる。中を開けてみると、故障ではなく、機械が消耗しきっていた。

削岩機はボールベアリングの全数交換があった。オランダ製のベアリングが割れてしまうので、出荷前に国産品に交換した。外したベアリングを見たら、肉眼で見ても丸くなかった。これでは割れるはずである。

ばかだから〜わかんな〜い

新しい区長が着任したという。といっても自分は出勤しないので関係ない。無視していたら、用があるから区長室に来いという電話があった。翌日、区長室に出向くと、着任した新区長は、入社当時から何かと私のことを気にかけてくれていたSさんだった。レンガ庫80周年や機関車展示会にゴーサインを出してくれたのも、当時首席助役だったこの人だった。

S区長から、近々東京都職員の採用試験があるから受けるように、と言われた。「いやです」と答えたら、急に小声になって「受からないように受けるという方法もあるぞ」と。「わかりました」と答えて、試験を受けることになった。

試験会場には同期入社や先輩たちの顔も見えた。試験の内容はごく常識的なものだったが、受かりたくないから、わざと適当な答えを書いた。同期のAは、ほとんど解けたと言っていた。ところが、Aは落ちて、私は合格した。たぶん受かる人は最初から決まっていたのだろう。受かっては困るから、面接で思いっきり馬鹿のふりをした。思いっきり身体をくねくねさせながら桃井かおり風に「あちし〜、ばかだから〜、わっかんな〜い」。これではモンティ・パイソンのおかまの兵隊さんである(知ってる人、いるかなぁ)。

案の定、試験が終わると、区長から電話がかかってきた。すぐ来いという。もうばれていた。区長室の扉を開けると、苦い顔をして「本当にやるとは思わなかった」。いや、そうしろと言ったのは区長だから。それから2人で顔を見合わせて笑いあった。数日後、本社から通達で、「いやしくも採用していただくのだから、ふざけたまねをしないように」というような内容だったそうである。私は見ていないから知らないが。

分割民営化が迫ってきた昭和62(1987)年の2月、上野駅を通りかかったら、K先輩に代わってホイッスルの店長になったS井さんが、改札前に出店を出していた。この人も大宮機関区で機関助士をしていた人である。挨拶だけして帰ろうと思ったら「よう松っつぁん、誰かホイッスルに来る奴はいないかよ?」「俺がいるじゃん」「おっしゃあ!」。

それから3日後、また区長から電話があって、「ハンコ持ってすぐ来い!」。こりゃあいよいよクビになるのかな、と思って出向いたら、「復職を命ずる」という書類ができていて、そこにハンを押せという。

3月1日付で復職。大宮機関区はもうなくなっていて、大宮運転所(のちに大宮運転区)になっていた。貨物列車は直行するようになって、機関車の入区はなくなった。広大な大宮操車場は廃止になって、入換機の姿も見えなくなった。川越線も電化され、気動車の入換もない。誘導の仕事はなくなっていた。1週間ほど内勤の手伝いなどをしていたら、10日付で上野駅営業係を命ずる、という辞令をもらって、ホイッスルの店員になった。

試験を受けて手に入れた車両検修係と運転係の資格はきれいさっぱりなくなってしまった。営業係は1年生と同じである。また悔しい思いをすることになった。

合言葉は列車無線！

ホイッスル店に移動してまもなく、昭和62（１９８７）年4月1日の民営化初日を迎えた。この時点では制度も制服も変わらないのだが、ひとつ大きく変わったのは、管理者が部下を呼ぶ時に、◯◯社員と呼ぶようになったことだ。長く使い慣れた国鉄「職員」という呼び方を変えようという、おそらく上からの圧力があったのだろう。◯◯社員、××社員とお互いに呼び合う様は滑稽だった。まるで出来の悪い共産圏のプロパガンダ映画を観ているようだった。

スタッフにも異動があった。K先輩は身体を壊し、退職。S井さんは助役になって転勤。あとの３人は知らない人だった。店長を命じられたYという男は、掃除でもなんでもしますから置いてくださいと泣いて頼んだ、という噂だった。自分は鉄道の知識がないので、いつも私に嫉妬しているようだったし、実際嫌がらせも受けていた。

ある時、手帳を置き忘れて帰ったので、ちょっとのぞいて見たら、私の悪口がびっしり書いてあって、しかもそれをいちいち助役に報告していることがわかった。さらに、私の担当の商品の棚卸し表を二重帳簿にしていて、毎月いくらかずつ浮かせているようだった。しかもそれを私のせいになるように細工していた。おぬしもワルよのう。私ももう子供じゃないから、世の中善人ばかりじゃないことは知っていた。たぶん私も善人のうちに入らないだろう。せっかくなので、全部コピーさせてもらった。今でも捨てずに取ってある。

私のすぐ後にホイッスルに異動してきた岩倉高校のNさんは、「いらっしゃいませ」が言えなくて困っていた。それを聞いた岩倉高校の生徒が、「列車無線と言うといいんだよ」。たしかに、「れっしゃむせーん！」と大きな声で言うと、「いらっしゃいませ」に聞こえる。それを聞いてNさんも元気になった。実は上野駅に出店したのは、岩倉高校生目当てでもあった。私がホイッスルを立ち上げたことを知ると、以前からのお客様もすぐ打ち解けてくれた。

ホイッスルで良かったことは、お客様同士が仲良くなって、今でも付き合いがあることだ。あるお客様が言うには、みんなが今も仲が良いのは、松本さんがいるからですよ、と。店員冥利に尽きるとは、このことだ。この店を開いた時に「鉄道ファンの店」と付けたのは、ここを中心に仲間が集まるように、と考えたからだ。ホイッスルはもうなくなってしまったけれど、お客様の心の中に生き続けている。提案した者として、こんな嬉しいことはない。

過去を消された男

ＪＲになってから2年目、待望の運転士養成試験が行われることになった。もう少しホイッスルにいて元の正しい方向に持って行きたい気持ちもあったのだが、やはり初心貫徹である。

上野駅の事務室（初めて行った！）に試験会場に提出する書類を取りに行った

ら、職員もとい社員なら全員にあるはずの経歴簿がなくなっていた。転勤・移動や賞罰、医学適性検査の結果が書かれているもので、特に賞罰の罰の方は赤字で書かれていて、ストライキに参加するなど組合の活動家は書面が真っ赤になっていた。事務係にすぐ人事課に電話をしてもらい、経歴簿がなくても不利にはならないと念を押してもらった。

これは想像だが、私の経歴簿を見たS区長が先行きを心配して、経歴簿そのものを処分してしまったのではないだろうか。おかげで過去がまっさらになり、有利に働いたのではないだろうか。なにせDランクだったから。

試験は学科も面接も医学適性検査も全部合格。ただ、車掌経験2年以上、という条件が付いていて、車掌区に2年、行くことになった。それがわかっていれば、もっと早く車掌になっていたのに。

ホイッスル最後の日、常連のお客様が集まって、送別会を開いてくれた。あとで部内の物知りの人にその話をしたら、お客様に送別会をしてもらったJR社員は初めてなんじゃないか、ということだった。

赤い腕章はなくなったが

昭和から平成に変わった平成元(1989)年の6月、関東鉄道学園での1カ月の車掌研修を終え、東京車掌区車掌見習い、さらに1カ月後には車掌として単独乗務になった。東京車掌区といえば、国鉄職員から作家になられた、私の尊敬する檀上完爾さんのいらしたところだ。檀上さんの代表作は『赤い腕章』だが、私たちの頃はもう腕章はなくなり、赤い線の入った名札になっていた。

その頃の乗務線区は、私たち下っ端は東海道本線で東京~沼津間、伊東線の熱海~伊東間、総武快速・内房・外房線の東京~津田沼・君津・上総一ノ宮間だったが、寝台特急乗車組は「富士」「さくら」「あさかぜ」で宮崎・長崎・佐世保・博多、内房線特急「さざなみ」で東京~安房鴨川間などだった。

乗務員は1組から10組まであり、私たちは一番下の10組。ひと組上に上がるのに2年以上かかると言っていた。だが私たちは車掌区2年の約束なので、そんなことは関係なかった。早く上に上がろうとゴマをする必要もない。
10組９組が運転車掌、最後部でドア扱いをしたりする。８組は改札車掌。もっぱら車内を回って切符を切る。７組はまた運転で、６組が改札。５組から上が寝台特急で九州まで乗務する。ちょっと前まで乗客専務の腕章をしていた人たちだ。東海道ローカル（湘南電車）だとまん中のグリーン車の車掌室にいて、チーフと呼ばれていた。２組は昔はニレチ（荷扱い車掌）だった。１組に上がる前に荷扱いで駅を覚えるんだ、と言われていた。１組は昔なら車掌長の腕章をしていた人たちである。各組の間で壮絶な階級意識が働いていたようである。そして自分たちで差別を作っていた。

車掌の詰所をタマリと言うのだが、チーフ連中は大部屋のタマリを病院の待合室みたいなカーテンで仕切っていた。もちろん６組以下が入ってこないようにである。１台あるテレビは自分たちの専用にしていた。共用のお茶も、お茶道具を自分たちのテリトリーに置いていた。

明けで帰る時に、次の出番の乗り組みを調べておいて、当日はまずチーフに何列車お願いしますと挨拶に行くのが慣例だった。そして時間になると呼びに行って、どうぞとドアも開けてやるのだ。他区の車掌が呼びに行かないで自分だけホームに出場したら、そのチーフ、発車時間に気付かず欠乗してしまった。それでも「運転が迎えに来なかったから」と言ったらマルになった。

いや、挨拶はいいのよ。別に嫌じゃない。前の日から乗り組みを調べたら時間に帰れないし、ドアを開けてやるって、いつの時代？ 江戸時代かよっていう話。いや江戸時代に汽車はないんだけど。

一番ひどかったのは私鉄やバスの交通費で、9組10組は泊り行路主体なので週3回しか使わないからといって、定期券は使わせてもらえず、回数券を買って、買うたびに事務助役に見せることになっていた。改札車掌は基本、日勤勤務なので定期券を持つことが許された。チーフ連中は既得権だといって定期券を持っていた。九州往復すると4日、翌日は休みなのに、である。

そんな境遇に発奮して早く上に上がってこい、という発想なら、それは間違っているから。

やられたりやり返したり

東京車掌区といえば歴史もあり、さぞ華やかなエリート集団なのだろうと思われるかもしれない。だが内情はかなり人間関係ドロドロのようだった。職場のトイレやグリーン車の車掌室には、ずいぶんひどい落書きがあった。学校や会社の人間関係を見たければトイレの落書きがあるかないか見てみろ、というのは本当のようだ。首席助役が「誇りと伝統の東京車掌区」と言っていたが、私に言わせれば「積もり積もった埃と切れかけた電灯の東京車掌区」だろう。

私は車掌区でも国労組合員だったから、露骨に差別を感じることもあった。車掌区には乗務員ばかりでなく、内勤車掌という人もいた。概算（がいさん）という窓口があって、昔の駅の出札や郵便局の窓口みたいなカウンターにガラス窓が付いていた。出勤したらそこで切符を受け取り、明けで帰る時には売り上げと残りの切符を返納するのである。

普通、内勤は年寄りや病み上がりの人がやるものだが、東車の内勤は私より若い人が何人もいた。きっと当局の覚えが良い人なんだろうな。

ある日、明け番で売り上げと切符を概算に差し出したら、無言で切符だけポンと投げ返してきた。「なんですか?」と聞いたら「計算が違う」とひと言。「どこが違うんですか?」と再度聞いたら「自分で調べろ」。何度も計算したから、金額は合ってるはず。よくよく見たら、ほんのささいなミスともいえないようなミスだった。それで30分も帰りが遅くなり、残業代はつかないのだった。

車掌科同期のFは、計算の合わない切符を丸めて走行中の窓から捨てちまった! それでも気付かれていないよ、と笑っていた。私もやられっぱなしの人ではないので、次の乗務の時、ハサミを入れる時にちょっとでもずれた切符に赤鉛筆でペケを入れて、ほとんど一冊、廃紙にしてしまった。全部廃紙にすると廃冊になってしまうので、何枚かまともなのを交ぜておいた。そうしたら概算氏、「松本さん、金額以外は訂正できますからねー、今度からそうしてください」。

いやに低姿勢になるんだな。

切ったり切られたり

東海道本線の下り電車で、ジパング倶楽部だかフルムーンだかの会員証を出され、切符を作ってくれ、という年配のお客様がいらした。チーフに聞いたら「切れるよ」と言うので、差し出された説明書を見ながら、切符を切った。地図式の図補(券面におおまかな路線図が書かれていて、ハサミで穴を開ける補充券)だから、日付と金額にパンチを入れ、経由地と行先をボールペンで記入した。これでOKのはずである。

帰着して概算に売り上げと切符を返納したら、まさかの「この切符は切れないよ」。ではどうするかと言うと、返してもらうしかない。着駅は山陰本線だった。発行したのは昨日だから、もう着いているだろう。着駅に電話して送ってもらうことになった。

国鉄時代は事業便という全国の駅や事業所にただで送れる便利な配達システ

ムがあったのだが、分割民営化で会社間のやり取りはできなくなった。郵便で送ってもらうのに返信用封筒に切手を貼って、お礼のオレンジカード、それもゴクミ(後藤久美子)の結構レアなカードを奮発して送った。

数日して返送されてきた切符を概算助役のところに持って行ったら、「ああ、この切符は切れるんです」。俺のゴクミと切手代をかえせー！ その切符は自分の記念品にすることにした。もう誰のものでもないから、構わんでしょ。

ちなみに、切符を作ることを「切符を切る」という。もうひとつ、概算というのは、運賃・料金がはっきりしない時、だいたいの金額で切符を切って、着駅で精算してもらうことをいう。当然、車掌区の方でも正しい金額を出して、着駅と差額のやり取りをすることになるのだが、着駅が他社線になる場合、事業便が使えなくなった今はどうするんだろう。無人駅の場合は？ あ、ＰＯＳ(乗車券発行機)だとちゃんと計算してくれるから、そんな心配もいらないのか。

走れ！ 明日を賭けて‼

土曜日だった。終点の伊東に着いたら、お金を下ろさなきゃ。ＡＴＭ、どこにあるんだろ。さっきからそればっかり考えていた。

伊東に着いたら、タマリに先に着いていた改札車掌が、切符と現金を広げていた。「おい運転、計算入れろ」。俺の名前も知らない奴の命令を聞かなきゃいけないのか。そう思うとうんざりした。

私たちの持たされている切符は図補といって、ハサミでパチパチ穴を開けるタイプ。改札車掌の持っているのは、金額の分だけちぎって渡すタイプで、これは図補の何倍も早く切れる。図補だと私なんかがどんなに頑張っても１日50枚も切れないが、改札車掌は２００枚とか、早い人なら３００枚も切る人がいる。そういう人からしたら、下っ端が計算を手伝うのは当然なんだろう。自分もそうしてきたんだろうし。

計算がやっと終わると、発車時間まであと20分ほどしかない。伊東の街を走り回ってATMを探した。やっと見つけたのは第二都市銀行の機械で、自分の持っている都市銀行のカードは使えないのだった。しかも日曜は銀行もATMもお休み。そんな時代があったのだ。なんでそんなにあせったのかって？その翌日、デートの約束をしていたから。

時間ぎりぎり、どうにか現金を下ろして、伊東駅に駆け込んだ。

翌日、今度はふられずに無事、ゴールイン。心配してくれてありがとう。

呪(のろ)いの寝台特急「富士」

車掌研修で講師に聞いた話。その講師も東京車掌区の出身だった。

ブルートレイン「富士」の車掌が、出先の宮崎で倒れ、病院に運ばれたものの帰らぬ人となってしまった。すぐご家族に連絡が行き、なんとか死に目には会うことができたらしい。

ところが、宿泊所に置きっぱなしになった故人の鞄や泊り道具を、誰も嫌がって持ってこようとしない。仕方なく現地の車掌区に頼んで、上り特急「富士」の中間の車掌室に積んでもらい、東京で管理者が取り下ろすことになった。

その列車が西明石で事故に遭う。機関車と最後部の1両を残して、全軸脱線。機関車の次位、つまり先頭の客車はプラットホームに激突して大破。不幸中の幸い、寝台車の通路側が破壊されたので、ベッドに寝ている人には負傷者は出たものの死者はなし。原因は機関士が飲酒して漫然と運転したための制限速度オーバーだった。

事故車が撤去されても証拠保全されたのか、なかなか返してもらえず、故人の荷物が家族の元に届いたのは、ずいぶん後になってのことだった。

この辺が車掌区というか営業の変なところ。これが運転関係なら、俺が持ってきてやる、と言う人が何人もいるはずなのだが。

車内放送のテクニック

昔、上野駅や大宮駅には、放送のとても上手な人がいた。聞いていて、ほれぼれするような名調子だった。どんな人かとアナウンス交代の時に見ていたら、2人とも片方の足が義足だった。操車場や駅の入換作業で事故に遭ったのだ。放送専門の人を、部内では「なきや」と言っていた。鳴き屋なのか泣き屋なのか、語源はわからない。

さて車内放送の話。駅の放送と違い、車内放送はあんまり上手くちゃいけないそうだ。名調子の放送は、注意を引かないので聞いてもらえないのだという。品川車掌区の放送研究会というサークルが、乗客の注意を引くためにはどうするか、乗務中にいろいろ試した結果、駅名の案内は、「次はー」と言った後、数秒の間を空けて「○○、○○です」と言うと、間の空いたところで、オヤドウシタノダロウ、と脳が活性化するらしい。

とってもまじめな研究なんだけど、この話に尾ひれがついて広まり、間を空ければいいんだろうと、なが〜く空ける車掌が出てきた。中には山手線でも駅間の長い品川〜大崎間で、発車後すぐに次は〜、到着寸前に大崎ですー、と1分以上も空けたのを聞いたことがある。

車内放送といえば、あの独特な鼻にかかったようなしゃべり方を思い出す人も多いだろう。実はあれ、意識してやっている。昔の放送装置は性能が悪かったから、ああいう声の方がよく通ったのだ。今の車両は遮音性も良くなってきているし、放送装置も良くなっているので、普通の声でもはっきり話せば大丈夫。でもどんなに心を込めて放送しても、ヘッドホンで大音量で聞いていたり、おしゃべりに夢中になっていたりするおばちゃんグループには通じない。降りる駅を忘れて、しかも放送がなかったって集団で文句言ってくるから。

放送のことでよく聞かれるのは、あの放送には文案があるのか、ということと、放送を流すタイミングはどうしているのか、この2点。

文案はある。特に交通安全週間や、イベントの案内などはプリントが配られる。昔は面白い放送で楽しませてくれる車掌さんがいたんだけどねー。今は目立つことをすると、すぐクレームを上げられちゃうから難しい。

放送のタイミングは、実は景色を見て始める。東海道本線の下りで川崎なら、六郷川を渡り終えて、右側に明治の看板が見えてから。外房線の誉田(ほんだ)だったら、HONDAの看板だったりする。これ本当。

おタバコはご遠慮下さい

ある日の東海道本線の車内。グリーン車のデッキでタバコを吸っている男性を発見。「おそれいります、おタバコはご遠慮下さい」と声掛けしたらすぐ消してくれた。車内巡回後、先ほどのグリーン車のデッキで同じ人が小さくうずくまってタバコを吸っている。「あの、お客様、おタバコは」「だから遠慮して吸ってるんだよぉ」。
お客さま、遠慮の意味が違います！

納豆嫌い

外国人、とくに欧米人には納豆が苦手、という人が一定程度いるそうだ。京都生まれ京都育ちの知り合いの保育士さんも、納豆がとっても苦手なのに、保育園の給食の時間、どうしても子供たちと一緒に食べなくてはいけないのが苦痛だと言う。もしや薬味を何も入れてないのでは、と聞いたらそうだと言う。

さてある日の東海道本線車内。後ろから車内を回っていたら、貫通路のドアを開けたとたん、猛烈な異臭！　なんというか、発酵の進みすぎた納豆とタクアンの古漬け、それにキムチをまぶしたような刺激臭。

とにかく臭いの発生源を探さなくてはと、さらに車内に進んで行くと、金髪碧眼の若い男性が靴を脱いで、座席に足を投げ出していた！

欧米人に納豆が苦手な人がいる理由がわかりました。

日本人にはチーズの匂いの苦手な人もいるようですが、かのナポレオン皇帝が、ジョセフィーヌもう結構だと言ったアレですかねぇ。

朝の上り列車のグリーン車のカーテンの話

朝の上り列車、いつもグリーン車の海側のカーテンを閉めてあったことを、覚えている人はおいでだろうか？　折り返し列車ならチーフ車掌がせっせと閉めるし、来宮・早川泊りの出区列車は、運転車掌が閉めてくる。不思議なことに、曇りの日や雨の日も全部のカーテンが閉めてある。旅客サービス？　雨なのに？ 私だったらぴっちりカーテンが閉まってる電車なんて、霊柩車みたいでいやだ。

雨のしとしと降るある朝、早川出区で小田原から身入りになる上り列車のグリーン車のカーテンを、わざと閉めないで早川を発車した。小田原に着くなり、乗り込んだチーフの怒ること怒ること。本当にかんかんになって怒っている。

「なんでカーテン閉めてないんだ！」「雨降りですよ。なんで閉めるか知ってますか？」「うるさい！ 閉めることになっているから閉めるんだ！」

私の方は数日後に学園の運転士科に入所するから、チーフがどんなに怒っても、もう関係ない。ふふん。

チーフさんは知らないらしいけど、私は知っている。

太平洋戦争中、大磯には高射砲陣地があり、敵のスパイに見られないために、客車のブラインドを降ろさせていたのだ。戦争が終わって、自由に外の景色が見られるようになると、ほとんどの人があきれたという。

日本軍の誇る高射砲陣地、実は肝心の高射砲がほとんどなかった。ブラインドは敵の目を欺くためではなくて、国民の目を欺くためだったのだ。

それをサービスと取り違えたまま戦後40年以上も過ぎて、平成の世の中まで続いていたのだ。意味も知らずに続けていることは、一度立ち止まって経緯を調べてみてもよいかもしれない。

今は窓が熱線吸収ガラスになったから、この話も過去のものになった。

181系で140キロ出した話

平成3(1991)年7月、ようやく関東鉄道学園の運転士科(正確には甲種電気車操縦者養成課程)にたどり着いた。就職してから14年もかかった。夢は諦めてはいけない。

国鉄時代なら丸1年かかっていた学園(学科)〜見習い(実技)の養成期間が、

学科4カ月見習い4カ月の8カ月で一本にするという。教習時間は以前と変わらないから、かなりのハードスケジュールだった。自衛隊出身の同期生がいたが、自衛隊の方が楽、と言っていた。途中、かみさんが切迫流産で入院する騒ぎがあって、研修が続けられないのではないかと心配したが、担任講師はじめ、多くの方の協力をいただいて、無事に終了することができた。実技試験では過去最高の得点だったと言われ、ちょっぴり誇りに思っている。

さて久しぶりの運転職場に戻って感じたこと。年寄りの口が堅くなって、昔話をしなくなったことだった。もの言えばくちびる寒し、そんな時代を経験してきたのだ。それだけ国鉄改革の傷は深いということか。

そんな中で聞いた、胸のすくような、昭和の冒険譚。

中央本線に特急「あずさ」が走り始めた時、車両は「こだま型」の改良（改造車を含む）である181系だった。181系は「こだま型」151系のモーター出力を2割高めている。151系が時速163キロの速度記録を持っているから、181系ならもっと出るのじゃないかと思って、機会を待っていた。

そしてチャンスは巡ってきた。甲府からの上り特急「あずさ」号、場所は笹子トンネル。トンネル前後に半径400メートルの曲線があり、速度制限があるから、最後部が曲線を通過したと同時にフルノッチ投入。笹子トンネル内は排水のためわずかな勾配がついているが、ほぼ水平である。時速100キロをあっという間に突破、速度計の針は上昇を続けている。120、130、そして針が140を指した瞬間、全ブレーキをかけた。これ以上加速すると、トンネル出口の制限速度をオーバーしてしまう。この制限がなければ、もっと出ただろう。

トンネル内をフルスピードで走り抜けたので、時間が余ってしまう。あとは新宿まで、のんびりと走ることにした。なにか達成感のような、心地よい疲れを感じながら、新宿を目指した。今の183系や189系だと車体がずっと重いから、181系のような加速はできないと思う、とも。

私が、なんでトンネル内だったんですか、と聞いたら、「脱線してもひどいことにならないと思った」。いや、トンネル内で脱線すると、大変なことになるんですけど。ご無事でなによりでした。

あとがきにかえて

ＪＲを定年退職してから早３年が過ぎた。この歳になると先輩たち、そして同僚にも、すでに鬼籍に入られた方も多い。ご在命の先輩たちもみな高齢で、新たに話を聞くのも難しくなった。私の記憶を元に話を進めて来たが、あるいは記憶違いもあるかもしれない。その点はどうかご容赦いただきたい。

そして、どこかで目にしたような話だな、と思ったあなた。覚えていていただいて光栄です。あれは全部、私がそこら中に書き散らかしたもの。盗作ではないのでご安心を。

運転士になるのにずいぶん遠回りしてしまったけれど、電車・電気機関車・気動車・ディーゼル機関車と乗ることができて、幸せだった。蒸気機関車だけは運転できないと思っていたら、思いがけず羅須知人鉄道協会に入れていただいて、運転することができた。まだまだ私のレールは続いているようだ。

Profile
松本正司

東京都出身。芝浦工業大学中退。その後代々木駅・新宿駅臨時雇用員を経て1977年1月国鉄に就職。東京北鉄道管理局大宮機関区構内運転係、車両検修係、運転係。1985年上野駅直営売店ホイッスルの企画立案の後一時解雇となり株式会社カトーへ。1987年3月復帰、上野駅営業指導係、1989年東京車掌区指導車掌、1991年武蔵小金井電車区主任運転士、2000年三鷹電車区主任運転士、2006年八王子運諭区主任運転士、2020年3月退職。現在は書籍・雑誌に執筆を行う。著書に『国鉄・JR 機関車大百科』(天夢人・共著)

編　集　林 要介(「旅と鉄道」編集部)
デザイン　安部孝司
校　正　武田元秀

昭和の鉄道　聞き語り
2024年3月21日　初版第1刷発行

著　者　松本正司
発行人　山手章弘
発　行　株式会社 天夢人
〒101-0051　東京都千代田区神田神保町1-105
https://www.temjin-g.co.jp/
発　売　株式会社 山と溪谷社
〒101-0051　東京都千代田区神田神保町1-105
印刷・製本　株式会社シナノパブリッシングプレス

■内容に関するお問合せ先
「旅と鉄道」編集部　info@temjin-g.co.jp
■乱丁・落丁に関するお問合せ先
山と溪谷社カスタマーセンター　service@yamakei.co.jp
■書店・取次様からのご注文先
山と溪谷社受注センター　電話048-458-3455　FAX048-421-0513
■書店・取次様からのご注文以外のお問合せ先　eigyo@yamakei.co.jp

Printed in Japan
ISBN978-4-635-82508-5